Anonymous

Neudrucke deutscher Literaturwerke des 16. und 17. Jahrhunderts

Anonymous

Neudrucke deutscher Literaturwerke des 16. und 17. Jahrhunderts

ISBN/EAN: 9783743601802

Hergestellt in Europa, USA, Kanada, Australien, Japan

Cover: Foto ©ninafisch / pixelio.de

Manufactured and distributed by brebook publishing software (www.brebook.com)

Anonymous

Neudrucke deutscher Literaturwerke des 16. und 17. Jahrhunderts

No 79 u. 80.   Preis 1 Mark 20 Pf.

Neudrucke deutscher Litteraturwerke
des XVI. und XVII. Jahrhunderts.

Speculum vitae humanae.

Ein Drama von

Erzherzog Ferdinand II. von Tirol

1584.

Nebst einer Einleitung in das Drama des
XVI. Jahrhunderts herausgegeben

von

Jacob Minor.

Halle a. S.
Max Niemeyer.
1889.

Aus dem Verlage von MAX NIEMEYER in HALL

Becker, R., Wahrheit und Dichtung in Ulrich von Lichtenstein Frau 1888. kl. 8.
Creizenach, Wilh., Zur Entstehungsgeschichte des neueren deutsch spiels. 1879. 8
— Versuch einer Geschichte des Volksschauspiels. vom Doeto 1878. 8.
Diede, Charlotte, die Freundin von W. v. Humboldt. Lebensbeschr. Briefe, herausg. von A. Piderit u. O. Hartwig. 1884. kl. 8.
Gedanken und Erfahrungen über Ewiges und Alltägliches. Für das deutsche Herausgeg. von O. Naeemann. 2 Bde. 3. Aufl. 1886. kl. 8. geh. geb.
Heine, Carl, Johannes Velten. Ein Beitrag zur Geschichte des d Theaters im XVII. Jahrh. 1887. 8.
Kawerau, W., Aus Magdeburgs Vergangenheit. Beiträge zur Litt. Culturgeschichte des 18. Jahrhunderts. 1886. kl. 8.
— Aus Halles Litteraturleben. 1888. kl. 8.
König, W., Zur französischen Literaturgeschichte. Studien nud 1877. 8.
Langguth, A., Untersuchungen über die Gedichte der Ava. 1880. 8
— Goethes Pädagogik hist.-kritisch dargestellt. 1886. kl. 8.
— Goethe als Pädagog. 1887. kl. 8.
— Goethe als pädagogischer Schriftsteller und seine Stellung zu ziehungs- und Unterrichtsfragen der Gegenwart. 1888. kl. 8.
Loebe, M., Altdeutsche Sinnsprüche in Reimen. 1883. kl. 8. geb.
Müller-Fraureuth, Carl, Die deutschen Lügendichtungen bis auf München dargestellt. 1881. 8.
Roetteken, H., Die epische Kunst Heinrichs von Veldeke und Harun Aue. Ein Beitrag z. mittelhochd. Literaturgeschichte. 1887. 8.
Thümmel, J., Shakespeare-Charaktere. 2 Bde. 1887. kl. 8.
— Am Kamin. Lustspiel in 1 Act. 1876. kl. 8
— Die Gavotte der Königin. Lustspiel in 1 Act. 1876. kl. 8.
Der Unglückseelige Todes-Fall Caroli XII. Ein Drama des XVIII. Jahrh. Herausgegeben von Carl Heine. 1888. kl. 8.
Usteri, Joh. M., Liebesabenteuer eines Züricher vom Glückhaften 5 dem Freischieszen zu Straszburg im Jahre 1576. Novelle aus dem 1 manuscript des Dichters herausg. von C. Wendeler. 1877. 8.
Vogt, Fr., Leben und Dichten der deutschen Spielleute im Mi Vortrag. 1875. 8.
Der Weinschwelg. Ein altdeutsches Gedicht aus der zweiten Hälfte Jahrhunderts. Mit einer Uebersetzung von K. Lucae. 1886. kl. 8.
Wendeler, C., Fischartstudien des Freiherrn Karl Hartwig Gregor v. bach mit einer Skizze seiner liter. Bestrebungen. 1879. 8.
Wolfram von Eschenbach, Parcival. Rittergedicht. Aus d. Mittelhochd. übersetzt von San Marte (A. Schulz). 3. Aufl. 2 Bde. 1886. 8.

Speculum vitae humanae.

Ein Drama von

Erzherzog Ferdinand II. von Tirol

1584.

Nebst einer Einleitung in das Drama des XVI. Jahrhunderts herausgegeben

von

Jacob Minor.

Halle a. S.
Max Niemeyer.
1889.

Neudrucke deutscher Litteraturwerke des XVI. und XVII. Jahrhunderts
No. 79 u. 80.

Einleitung.

Wer heute ein Drama des XVI. Jahrhunderts einem grösseren Leserkreise im Neudruck vorlegt, der darf nicht voraussetzen, dass viele von den Lesern es in den richtigen literarhistorischen Zusammenhang zu rücken wissen. Seitdem Tieck und Gervinus zuerst auf das ältere deutsche Drama aufmerksam gemacht haben und Scherer mit dem raschen Eifer, der in seiner Natur lag, diesen lange nicht beachteten Winken folgte, ist die Literatur über diesen Gegenstand fast unübersehbar angewachsen und um so schwieriger zu beherrschen, als sie meist in kleinen Aufsätzen über einzelne Dramen und in den verschiedensten Zeitschriften zersplittert ist. Sollen die Früchte solchen Fleisses für den grösseren Kreis der Fachgenossen und besonders für die nachrückende Generation derselben nicht verloren gehen, so empfiehlt es sich ab und zu Uebersichten zusammenzustellen, welche nicht abschliessen, sondern zu weiteren Forschungen anregen sollen. Ich wage auf den folgenden Seiten einen solchen Versuch, von welchem ich nur den einen Wunsch habe, dass die Spezialforschung auf diesem Gebiete ihn bald wieder überholen und überflüssig machen möchte.

Die bibliographische Grundlage für das Drama des XVI. Jahrhunderts bildet der „nötige Vorrath" Gottscheds, dessen Bibliothek sich bekanntlich zum Teil in Weimar befindet (s. Weimarisches Jahrbuch IV 202 ff.); Gödeke in der ersten Auflage seines Grundrisses hat auf dieser Grundlage weiter gebaut und in der zweiten Auflage wahre Stoffmassen zusammengetragen, deren Verarbeitung nicht so bald gelingen wird. Jedesfalls aber ist die zusammenhängende

Darstellung, mit welcher Gervinus seinerzeit mutig vorausging, heute überholt. Eine übersichtliche Gruppierung des Materials hat jüngst Holstein versucht: „Die Reformation im Spiegelbilde der dramatischen Literatur des XVI. Jahrhunderts" (Halle 1886).

Lateinisches Drama.

Ueber das lateinische Drama, welchem chronologisch und sachlich der Vorgang zusteht, vgl. Gödeke § 99 I 435 ff. (das humanistische Drama) und § 115 II 131 ff. (das lateinische drama sacrum). Eine zusammenhängende Behandlung giebt in den Grundzügen Herford, Studies in the Literary Relations of England and Germany in the sixteenth Century (Cambridge 1886) S. 70 ff.

Den Ausgangspunkt bilden die Schulen der Brüder vom gemeinsamen Leben mit ihren Redeübungen und Lateinübungen. Pädagogische Interessen und vorreformatorische Tendenz sind dem humanistischen Drama von Haus aus eigen; gegen das Kirchenlatein und gegen die Geistlichen wendet sich die Spitze. In den Kreis der Brüder vom gemeinsamen Leben verweist uns direkt Kerckmeister's Codrus vom Jahre 1485: der Verfasser ist Gymnasiarch in Münster, wo Rudolf von Langen wirkte (Wilhelm Schütze im Archiv für Literaturgeschichte XI 328 ff.). Aehnlich wie hier um den scholastischen Schulmeister Codrus, handelt es sich in andern humanistischen Comödien, welche in Padua um 1466 wie es scheint von deutschen Studenten gedichtet wurden, um die Wahl eines Lectors (vgl. Bolte in Zs. f. vgl. Litgesch. N. F. I 77 ff.). Die erste Comödie eines deutschen Humanisten ist der Stylpho von Wimpfeling (Archiv VII 157 ff.; Martin, Strassburger Studien III 2), im Jahre 1470 (?) entstanden, durch seinen Verfasser auf denselben Kreis verweisend wie der Codrus. Das Vorbild ist Terenz; das pädagogische Interesse zeigt sich in der Idealfigur des Lehrers, welcher im Mittelpunkte steht, sowie in dem Examen, welches die interessanteste Scene des Stückes vorstellt; die Typen für das Drama vom verlornen Sohn finden wir hier vorbereitet. (Vgl. jetzt D. L. Zeitung 1888 Nr. 29 Sp. 1053.)

Die Humanisten bedienen sich zu den Festzügen und Aufzügen mit mythologischen und allegorischen Figuren, welche im Zeitalter der Renaissance von Italien nach Deutschland kamen, der dialogischen Form, welche Keime des Drama in sich enthält. In dieser hat zuerst Jacob Locher Philomusus politische Ereignisse behandelt (vgl. Hehle, Ehinger Programm 1873; derselbe in ADB; Geiger in Zs. f. vgl. L. G. N. F. I 72 ff.) und dann Conrad Celtis mythologische Stoffe vor Kaiser Maximilian in Linz und Wien aufgeführt. Hierher gehören auch die Spiele des Schottenabtes Chelidonius (Horawitz im historischen Taschenbuch VI 2, 144) und Sebastian Brants Herkules am Scheidewege 1512.

Aber Locher zeigt auch schon den Einfluss des Plautus. Vgl. Reinhardstöttner: Plautus, spätere Bearbeitungen plautinischer Lustspiele, Leipzig 1886. O. Günther, Plautuserneuerungen in der deutschen Literatur des 15. bis 17. Jahrhunderts und ihre Verfasser, Leipzig 1886. Verzeichnis der Uebersetzungen bei Gödeke § 143, II S. 318 f.

Den Ausgangspunkt für Uebersetzungen und Nachahmungen bildet Italien, dort ist Albrecht von Eyb angeregt (s. Günther a. a. O. 1 ff. und G. Taege, Programm der Realschule St. Petri und Pauli in Danzig 1887). Auch mit Farçen im Stil des Plautus geht Italien voraus (vgl. die Bologneser Farçe vom J. 1497 von Geiger in der Zs. f. vgl. L. G. N. F. I 231 ff. mitgeteilt). Possen wie L. Aretino's Poliscenæ, Zamberti's Dolotechne (Fleckeisens Jahrbücher 110, 2, 131 ff.), Ugolinis' Philogenia (deutsch von Glaser; Zs. f. vgl. L. G. I 347) werden auch in Deutschland bekannt. Man greift endlich auch hier Anekdoten oder Figuren aus dem Leben auf und stellt sie resolut und nicht ohne plautinische Frische in kurzen Possen dar (vgl. Bolte im Hermes 1886, S. 313 ff., Vierteljahrsschrift für Kultur und Literatur der Renaissance I 485). Locher (s. oben) in seinem prosaischen drama ludicrum de sene amatore liefert bereits eine Nachahmung des Plautus, Reuchlin's wenig vergnüglicher Sergius (in Trimetern) nimmt die vorreformatorische Tendenz der Humanisten gegen die Reliquienverehrung auf und wird durch den Henno (1497) ebenso weit übertroffen, als dieser hinter seiner Vorlage, der französischen Farçe, zurückbleibt (gedruckt ist der Henno in Gottscheds Vorrat II 142 ff.; die französische Farçe bei Jacob, Recueil des farçes et moralités du XVe siècle, Paris 1859; das Luzerner Neujahrsspiel bei Keller, Fastnachtsspiele II 820 ff. — Ueber das Verhältnis dieser Texte handeln Geoffroy-Chateau, Paris 1853; Hermann Grimm, Essays 119 ff.; Mussafia, österreichische Wochenschrift I 20 ff.; Herrigs Archiv 39, 43 ff.; Geiger, Reuchlin 78 ff.; Ausgabe der Comödien von Hugo Holstein, Halle a. S. 1888; Parmentier, le Henno de R. et la farçe d. M. P., Paris 1884. Neuerdings zu vergleichen Zs. f. neufranz. Sprache u. Literatur X 93 ff. und Bächtolds Literaturgeschichte der Schweiz 211. Ueber den dummschlauen Bauer, der den Advokaten überlistet: s. Bolte im Shakespearejahrbuch XXI 191, Anzeiger XIII 253). Hegendorfinus (Günther 14 ff., 70 ff. Geiger ADB. — Seine Commedia nova bei Gottsched II 172 ff. gedruckt). In der Schweiz dichtet Petrus Dasypodius (L. Hirzel im neuen schweizerischen Museum VI 2, 128 ff., 1866, und Scherer in Wagners Archiv 487 ff) mehr nach Aristophanes' Plutus als nach der Aulularia des Plautus seinen Philargyrus im J. 1530, ursprünglich wohl in der Form der Gengenbach'schen Satire auf alle Stände; erst im J. 1565 nach etlichen Umarbeitungen veröffentlicht in der Form eines Drama nach antikem Muster und mit Chören. Die rasche Bekehrung des Geizigen dürfte wohl der Fortsetzung des Codrus Urceus nachgebildet sein.

Die Plautinischen Possenspiele haben in den Niederlanden, in der Heimat des Genrebildes und der realistischen Kunst, an Macropedius und Schonæus ihre Meister gefunden: der letztere, dessen pseudostratiotæ von Rist bearbeitet wurden, wirkt dann im XVII. Jahrhundert wieder auf das Drama in deutscher Sprache zurück. In Deutschland treten an Stelle der saftigen Bearbeitungen des Plautus bald schulmeisterliche Arbeiten für die Schulzwecke: mit pädagogischer Tendenz, welche zwar Derbheiten und Unflätereien nicht ausschliesst, aber didaktische und moralische Elemente hineinbringt, welche in den Prologen und Epilogen meist ausdrücklich hervorgehoben werden und nicht zur Vermehrung der Heiterkeit beitragen. Wirklich plautinischen Geist findet man unter den Schulmeistern bei Hayneccius, dem Chemnitzer Rektor (vgl. über ihn Günther a. a. O. 39 ff. und Joh. Franck ADB), welcher die captivi des Plautus übersetzt, mit seinem Almansor die Schul- und Knabenspiegel bereichert, und lateinisch und deutsch ein bekanntes Märchen mit gutem Humor bearbeitet hat (Hans Pfriem hrsg. in diesen Neudrucken Nr. 36 von Raehse. Kinder- und Hausmärchen Nr. 176. Bolte in Zs. f. deutsche Phil. XX 330 ff.). Hierher gehört Christian Bachmann (vgl. Scherer ADB) und Burmeisters Umdichtung des Plautinischen Amphitruo 1621, eine Contrafactur im christlichen Sinne (Günther 55 ff. Reinhardstöttner Nr. 208, 253).

Was Burmeister 1621 mit Plautus that, das war mit Terenz im Laufe des 16. Jahrhunderts längst geschehen. Der Terentius christianus der Nonne Roswitha wird 1501 durch Celtis bekannt. Terenz wird das eigentliche Vorbild des drama sacrum und der Schulkomödie. Uebersetzungen des Terenz seit dem J. 1486 verzeichnet Gödeke § 99, I² 444 u. § 143, II² 317 f. Vgl. O. Francke, Terenz und die lateinische Schulkomödie in Deutschland, Weimar 1877. Fr. Straumer, eine deutsche Bearbeitung des Selbstpeinigers von Terenz aus dem XVI. Jahrhundert, Chemnitzer Gymn.-Progr. 1887. Ueber das Schuldrama: Raumer, Geschichte der Pädagogik I. Heiland, Programm des Gymnasiums in Weimar 1858. Sie dauern bis ins 18. Jahrhundert fort: s. Riedel, Schuldrama und Theater, Leipzig 1885, S. 54 ff. und Hamann in den Literaturbriefen (Register s. v. Lindner; auch in Hamanns Werken von Roth s. S. Bd., Register s. v. Lindner). Noch Herder ist, durch Hamann, vom Gedanken eines „Jünglingdrama" erfüllt.

Die Sammlungen der dramata sacra, welche in Basel bei Brylinger 1541 (Beschreibung bei Weller, Volkstheater 37 Anm.) und bei Oporin 1547 (Beschreibung in Zs. f. deutsche Philologie XX 97 ff) erschienen sind, verzeichnet Gödeke II² 132. Sie enthalten auch Dramen der Niederländer, welche vorangehen: Makropedius (s. D. Jacoby ADB und Progr. des Königsstädter Gymnasiums, Ostern 1886), dessen Asotus zwar 1507 verfasst, dessen Dramen aber erst seit 1535 gedruckt sind; Wilhelm Gnaphäus (Monographieen von Reusch u. Babucke, Elbing Progr. 1868 und Emden 1875. ADB); Cornelius Crocus Joseph 1535; Schonäus wirkt mit seinem Terentius christianus erst auf das XVII. Jahrhundert.

(I.) In Deutschland geht die Passion von der hl. Dorothea, ein Seitenstück zum Dulcitius der Hrosvitha, voraus

(s. Herford 79 f.), deren Verfasser (Chilianus, eques Hillerstatinus) nur in der ersten Auflage des Grundrisses genannt wird. Begründer des Schuldrama in lateinischer und deutscher Sprache ist Sixt Birck oder Xystus Betulejus (ADB Scherer. Holstein in Zs. f. d. Phil. XX 102 ff.), ein Augsburger, der in den 30er Jahren in Basel studirte und unterrichtete, dort auch den grössten Teil seiner Dramen schrieb, die er nach seiner Rückkehr als Gymnasialdirektor in Augsburg mit seinen Schülern aufführte. Seine Schüler übersetzen auch die ursprünglich deutschen unter seinen Stücken ins lateinische. Er dichtet nur dramata sacra und zeigt (vor Dasypodius) in der Akt- und Sceneneinteilung, sowie in den horazischen Silbenmassen der Chöre den Einfluss der Antike. In der Schweiz hat er das rege Interesse für das politische und öffentliche Leben erworben, das sich in der Form und Tendenz seiner Dramen ausspricht.

(II.) Tendenzdrama im religiösen Sinne ist dagegen das Drama von Thomas Naogeorg in Straubingen, durch welchen die Teufelsfiguren im Drama des XVI. Jahrhunderts ihre typische Gestalt erhalten haben. Ueber ihn vgl. Scherer in Zs. f. d. Alt. 23, 199 ff.; Cholevius, Geschichte d. d. Dichtg. 1, 277; besonders aber Erich Schmidt ADB. Er ist wahrscheinlich 1578 gestorben: v. Weilen im Anzeiger f. d. Altertum XIII 255. Ueber Martin Gravius, den Uebersetzer des Pammachius, welcher unter dem 9. Oktober 1606 in der Wittenberger Matrikel erscheint, s. Bolte im Korrespondenzblatt des Ver. f. siebenbürgische Landeskunde 1885 Nr. 12, S. 137 ff. Den Mercator des Naogeorg bespricht am ausführlichsten Gödeke, Every-man 109 ff.; Uebersetzung von 1593 s. Bolte im Jahrbuch d. V. f. nd. Sprache 11, 151 ff. 176.

In den Südwesten Deutschlands, und noch näher bestimmt in die Gegenden, wo Sixt Birck und Naogeorg wirkten, d. h. nach Baiern (Trautmann, Münchener Jahrbuch 1 204 ff), Franken und in die Schweiz, fallen auch eine Reihe anderer Dichter, welche das drama sacrum in lateinischer Sprache bearbeiteten, während das biblische Drama in deutscher Sprache in Sachsen seinen Mittelpunkt hat. Andreas Diether (ADB Scherer), ein Strassburger, wirkt in Augsburg als Lehrer; Hieronymus Ziegler (s. Scherer in Wagners Archiv 481 ff. Holstein, Zs. f. deutsche Phil. XX 100 f.) wirkt abwechselnd in Ingolstadt, Augsburg, München und ist ein talentloser aber eifriger Schüler Sixt Bircks. In Ingolstadt dichtet Lorichius seinen Job. Aus München stammt Martin Balticus (Scherer ADB), ein Nachfolger des H. Ziegler. In Basel dichtet Heinrich Panthaleon (Scherer in Wagners Archiv 495 ff.; ADB Bolte) seinen Philargyrus 1546, welcher mit dem gleichnamigen Drama von Dasypodius nichts zu thun hat, sondern die Geschichte des Zöllners Zachäus als reformatorisches Tendenzdrama nach dem Muster des Naogeorg behandelt. Derselbe Panthaleon erzählt uns aber auch, dass in Basel noch andere mit der Pflege des Drama beschäftigt waren: er nennt blos den Sohn des Bürgermeisters Brand, von dem jedoch nichts im Drucke erschienen ist.

Zu den kirchlichen Tendenzdramatikern auf lutherischer Seite gehört auch der Westphale Christophorus Brockhagius (Scherer in Wagners Archiv 1 ff. 481 Anm.) am Ende des Jahrhunderts. Auf katholischer Seite dürfen dagegen Simon Lemnius (ADB. Archiv f. Litgesch. X 6 ff. Zs. f. d. Phil. XX 481 ff. H. Alt, Theater und Kirche in ihrem gegenseitigen Verhältnis, Berlin 1846, S. 469 ff. über die Monachopornomachia) und Jakob Schöpper (Döring, Geschichte des Gymnasiums zu Dortmund 1874 S. 85 ff.; Herford a. a. O. 115 f.) aufgeführt werden. Auch Jesuitenstücke, deren Zukunft ins 17. Jahrhundert fällt und über welche wir leider so schlecht unterrichtet sind, kommen schon vor, auch ausserhalb Tirols: s. den Dillinger Jesuiten Michael Hiltprandus, dessen Ecclesia militans 1573 erschienen und in Berlin zu finden ist.

Spätere Dramatiker bilden das drama sacrum kunstmässig weiter aus. Joh. Avianius (Scherer ADB) verwendet den Chor nicht mehr blos als Zwischenaktsmusik, sondern er lässt ihn nach Weise der Alten bereits am Dialog der handelnden Personen teilnehmen. Balthasar Crusius (Scherer ADB) vertritt theoretisch und praktisch die Einheit der Zeit und des Ortes. Eine von Sixt Birck und Naogeorg wesentlich verschiedene Gestalt des Drama begegnet uns nur in Württemberg und in Strassburg.

(III.) In Württemberg ist Nicodemus Frischlin (Monographie von Strauss, Frankfurt a. M. 1855. Strauss, kleine Schriften 420 ff. Scherer ADB. Papst, Frischlin als Dramatiker, Arnstadt 1851) als Dramatiker in lateinischer und deutscher Sprache zwar nicht ohne Zusammenhang mit dem Drama des Naogeorg und dem Schuldrama, aber ihm eigentümlich ist die Ausbildung und Hervorkehrung der Nebenfiguren, die Einflechtung satirischer Episoden und die weltliche humoristische Behandlung biblischer Stoffe, deren Würde seine Bearbeitung oft viel vergiebt. Als Uebersetzer stehen ihm sein Bruder Jacob Frischlin (Scherer ADB) und Orsaeus (Bolte ADB) zur Seite. In seine Gegend gehören Hunnius, Joh. Ment, Joh. Hildebrandt; sein begabtester Schüler ist Flayderus (ADB Scherer. — Ueber den „Graf von Gleichen" s. Erich Schmidt, Goethejahrb. 1, 381 und v. Weilen in Cottas Zs. f. allg. Geschichte 1885, Heft 6, S. 444 ff. Dagegen fehlt die Imma portatrix in dem Aufsatze von Varnhagen über Emma u. Eginhard im Archiv f. Litgesch. XV 1 ff.).

(IV.) Blüte des lateinischen Schuldrama in Strassburg. S. Güdeke § 171 ff. Scherer, Geschichte des Elsasses[3] 393 ff. Jundt, die dramatischen Aufführungen im Gymnasium zu Weimar 1881. Hier erhalten seit dem Tode Sturms (1583), welcher die antiken Schriftsteller bevorzugt, die Neulateiner das Uebergewicht: Jonas Bitner (Scherer ADB) bearbeitet neben Plautus auch den schottischen Neulateiner Buchananus. Bis 1590 herrscht die Comödie in dem Repertoire, von da ab die hohe Tragödie: selbst griechische Tragödien erscheinen im Original oder in lateinischen Uebersetzungen auf der Bühne, während den Zuschauern ein deutsches Textbuch, von Spangenberg, Fröreissen o. a. bearbeitet, in die Hand gegeben wird. Ende des 16. Jahrh. werden hier auch, schon vor dem Auftreten der englischen Comödianten historische Stoffe behandelt. Die Dichter sind meist Lehrer an der Strassburger Schule oder Akademie. So Georg Calaminus (Schimmelpfenig ADB. Jundt a. a. O. 23 und 54. J. Crüger, zur Strassburger Schulcomödie, S. A. Strassburg 1888), welcher 1594 den Zwist zwischen Rudolf von Habsburg und Ottokar behandelt hat. Michael Hospeinius, der Verfasser zweier sklavischer Dramatisirungen des Virgil (Archiv XI 318. Scherer, Elsass[3] 311). Joh. Peter Crusius (Scherer ADB). Theodor Rhodius (Scherer a. a. O.[3] 316. Günther, Plautuserneuerungen 55 Anm.), der Dichter der Bluthochzeit. Obenan steht der Strassburger Saul, dessen lateinisches Original verloren ist und der uns nur in Spangenbergs Bearbeitung vorliegt (gedruckt in Martins Auswahl aus Spangenbergs Werken, Strassburg 1887) und die Dramen des Caspar Brülovius (Scherer in ADB. Ueber den Cäsar: Jahnke, Pyritzer Progr. 1880). Scherer, welcher Brülovius als den grössten deutschen Dramatiker vor Lessing bezeichnete und den Zeitgenossen Shakespeare's voranstellte, hat in der dritten Auflage seiner „Geschichte des Elsasses" sein Urteil einigermassen eingeschränkt. Ich glaube, eine genauere Untersuchung des Saul, sowie der Dramen des Brülovius würde den Umstand weniger rätselhaft erscheinen lassen, dass wir in Strassburg in lateinischer Sprache am Beginne des Jahrhunderts das Drama der Leidenschaft im Sinne und oft auch in der Form Shakespeare's finden. Wenn die Bearbeitung des Ajas, welche in Strassburg gespielt wurde, vieles auf die Scene bringt, was der antike Dichter blos erzählt, also nach sichtbarer Darstellung strebt, so kann das Einfluss des benachbarten schweizerischen Volksdrama sein, welches die Ereignisse gern auf der Scene sich abspielen lässt. Aber die grössere Breite in der Manier kann in dem Saul und bei Brülovius auch Einfluss der englischen Comödianten sein, welche seit 1596 fast alljährlich in Strassburg spielten (s. Crüger im Archiv XV 114 ff.). Und ein Schimmer und Abglanz von Shakespeare's Genie wäre im lateinischen Drama nichts unglaubliches: stand doch das englische Drama mit dem lateinischen Schuldrama auch am Hofe des Landgrafen Moritz von Hessen in Wechselwirkung.

Mit Strassburg in Verbindung steht Speier, wo Hirtzwigius als Rektor wirkt (Scherer ADB) und Swalbacius und Matthaeus Cleophas Jacobi ihre Stoffe aus Josephus Flavius entlehnen. Aus Ulm stammt Wolckenstein, welcher den Aias lorarius für Strassburg bearbeitet: in Ulm wirkt Joh. Konrad Merck (Scherer ADB), der in Strassburg studiert hat und die Sitte, deutsche Textbücher dem Publikum in die Hand zu geben, in seine Vaterstadt übertrug. Neben Bearbeitungen in Reimpaaren übersetzt er 1641 den Moyses von Brülovius in die Prosa der englischen Comödianten, welche selbst in das lateinische Drama eindringt: 1616 ist der Turbo des Valentin Andreä, welcher ad aemulationem Anglicorum histrionum dramatisch zu dichten begonnen hatte, in lateinischer Prosa entstanden (Lüdtke in v. d. Hagens Germania VI 73 ff. und Erich Schmidt, Goethejahrbuch IV 127 ff.); Georg Mauritius der jüngere (Scherer ADB) schreibt Dramen von seinem Vater und Omichius in Altdorf in lateinische Prosa um, wo gleichzeitig Speccius die Comoedia nova de Titi et Gisippi amicitia in lateinischer Prosa abfasste.

Deutsches Drama.

Das deutsche Drama wird von Gödeke § 144—153 nach Landschaften gruppirt. Vgl. Wackernagel, Litgesch. § 105, S. 93 ff.; der Aufsatz in seinen kleinen Schriften II 69 ff. ist überholt. Genée, Lehr- und Wanderjahre des deutschen Schauspiels, Berlin 1882. Schauspiele aus dem 16. Jahrh. (Auswahl), herausgegeben von Julius Tittmann, Leipzig 1868, 2 Bde. (Deutsche Dichter des 16. Jahrh., 2. u. 3. Bd.).

Typische Form: voraus geht der Prolog, den Beschluss bildet der Epilog, welcher die Lehre angiebt. Argumente vor dem Stück oder den einzelnen Akten. Einteilung in Akte und Scenen. Vierhebige Verse. Die Intrigue meist von Teufeln eingeleitet. Die komische Figur, als Vorläufer oder Hanswurst, unter verschiedenen Namen: Morio, Leimstengler u. s. w. (Archiv X 576 ft.).

Das Schuldrama und das auf dem Fastnachtsspiel beruhende, ganz skizzenhaft behandelte Drama des Hans Sachs steht den Volks- und Bürgerspielen der Schweiz gegenüber, für welche die Passionsspiele des Mittelalters die Voraussetzung bilden. Der Zweck der letzteren ist, möglichst vielen Personen die Teilnahme an den Spielen zu ermöglichen. Daher ein massenhaftes Personal, breite epische Entwicklung, scenische Vergegenwärtigung selbst des Nebensächlichen. Dazu kommt der republikanische Geist der Schweizer: Sinn für öffentliche Verhandlungen und Interessen. Das Schweizer Drama behandelt Gödeke § 146, wo auch die einschlägige Literatur zu suchen ist. Das Hauptwerk ist Wellers Buch: Das alte Volkstheater der Schweiz (Frauenfeld 1863). Hier ist der Stoff nach Cantonen verteilt worden: wodurch die zeitliche Entwicklung, wie mir scheint, verdeckt wird.

Den Ausgangspunkt für das Schweizer Drama bildet

XIII

Niklas Manuel in Bern (Grüneisen, Stuttgart und Tübingen 1857. Ausgabe von Bächtold, Frauenfeld 1878. Dazu Zs. f. d. Alt. 26, 99 ff. Bächtold ADB. Tittmann 2, 1 ff.), welcher sowohl in dem reformatorischen Inhalt als in der einfachen Form seines Drama den Zusammenhang mit dem Fastnachtsspiele und der halbdramatischen Satire auf alle Stände, wie sie Gengenbach in Basel vertritt, nicht verläugnen kann. An ihn schliesst sich sein Sohn Hans Rudolf Manuel an (Bächtold, Niklas Manuel 305 ff. und ADB). Das Seitenstück zu Manuel bildet in Zürich Utz Eckstein (Vögelin, Jahrbuch für schweizerische Geschichte VII 91 ff., Zürich 1882): auch bei ihm nur halbdramatische Form.

Die genannten wirkten in den 20er Jahren. 1529 wird in Zürich das Volksschauspiel Lazarus, 1530 des Dasypodius Philargyros mit 4 Schülern zur Aufführung gebracht (Wagners Archiv 487 ff.), beide den Stoff des Geizigen behandelnd. Und 1531 wird dasselbe Thema, der Plutus des Aristophanes in Jörg Binders (Scherer ADB) Bearbeitung mit Zwingli's Composition gegeben. Derselbe Binder bringt als Schulmeister in Zürich Stücke von Terenz und Aristophanes zur Aufführung und selbst eine deutsche Bearbeitung des Acolast von Gnaphaeus. In metrischer Hinsicht hat er die 2hebigen Halbverse an lyrisch bewegten Stellen eingeführt. Er ist der Begründer des Schuldrama in Zürich und nimmt dort dieselbe Stellung ein wie Sixt Birck in Basel, der 1534 bis 1536 als Direktor des theologischen Seminars wirkte und seit 1532 lateinische und deutsche Schuldramen dichtete.[1]

Seit dem Auftreten Binders und Bircks entwickelt die Schweiz eine lebhafte Thätigkeit: zugleich mit Birck tritt Kolross mit seinen 5 Betrachtnussen hervor (Gödeke, Everymann 77 ff. Scherer ADB), welche den Zusammenhang mit der Satire auf alle Stände in dem Totentanzmotiv zeigen. Joh. Wilhelm Rüte beginnt 1532 mit einem Tendenzdrama in der Art Manuels, dessen Schüler er war; aber nach Bircks Vorgang wendet er sich bald dem drama sacrum zu. Die republikanische Tendenz teilt mit Sixt Birck Heinrich

---

[1] E. Riedel, Schuldrama und Theater S. 25 erzählt von einem Hamburger Vincent Prallus, der um 1580 in Basel für das Schuldrama thätig war und das italienische Theater zum Muster genommen haben soll.

XIV

Bullingers Lucretia 1533, wo die Verführung als Nebensache behandelt wird und der Schwerpunkt auf das politische fällt. Aus politischem Interesse wird auch das alte Volksschauspiel von Tell durch Jacob Rueff überarbeitet (hrsg. von Friedrich Mayer, Pforzheim 1843; das alte Urner Spiel im Weimar. Jahrbuch 5, 52 ff. = Ausgabe von W. Vischer, Basel 1874. Vgl. Güdeke II² 346 u. 356 und über Tellschauspiele vor Schiller Rochholz in den Grenzboten 1864 III 121 ff. 179 ff. 220 ff. 251 ff. — Rueffs Adam und Eva, hrsg. von Kottinger, Quedlinburg 1848; sein Etter Heini, der stofflich an Gengenbachs „alten Eydgenoss" grenzt, ebd. 1847. Ueber sein Passionsspiel O. Hartmann, das Oberammergauer Passionsspiel, Leipzig 1880, S. 246 f.). Daher sind hier auch die Römerdramen beliebt: ausser Bullingers oben erwähnter Lucretia Christoph Murers (ADB) Scipio Africanus 1596 und Georg Gottharts (ADB) Horatier und Curatier 1584, welche letztere in ihrer masslosen Breite zu dem dasselbe Thema gleichfalls nach Livius behandelnden und von Lutz ausgeschriebenen Stücke des Hans Sachs, mit welchem Ayrer keinerlei Beziehung hat, den denkbar grössten Gegensatz bilden. Valentin Boltz (ADB Scherer). Jos (nicht Josias, sondern Jodocus) Murer, der Vater Christophs (Bächtold ADB). In Solothurn ausser Gotthart auch Johannes Al (Germania II 504). In Biel Jacob Funkelin (Tittmann I 163 ff. Scherer ADB). In Luzern herrscht das mittelalterliche Drama noch im XVI. Jahrhundert: Fastnachtsspiele (Zs. f. d. Phil. XVII 347 ff. 421 ff. Dazu Germania XXXI 110 ff.) und Passionsspiele (Güdeke II² 353, Nr. 95. Dazu Germania 30, 205 ff. 325 ff. Herrig 74, 69 ff. Zs. f. d. Phil. XVIII 459 ff. Alemannia XIII 241 ff. Geschichtsfreund 40, 145 ff.). Hierher gehört Hans Salat, der Luzerner Chronist, den Bächtold in einer Monographie (Basel 1876) behandelt hat (sein Drama vom verlornen Sohn im Geschichtsfreund XXXVI 84 ff.) und Jacob Wilhelmi, dessen Spiel von St. Wilhelm einen historischen Stoff behandelt (Wagners Archiv 80 ff.) So dringen auch hier am Ende des Jahrhunderts die weltlichen und historischen Stoffe durch.

Die nächste Verwandtschaft mit dem Drama der Schweiz hat das Elsass; bei Güdeke erst § 150; vgl. Scherer, Elsass II¹ 26 ff. ²277 ff. Hier wie dort dieselbe breite epische Manier, welche alles vor Augen stellt. Arbeiten anderer, wie die Judith des Sixt Birck (Gödeke S. 317), werden hier zur breiteren Historienform erweitert, und damit dem Einfluss der englischen Comödianten vorgearbeitet. Auch Personalunion verbindet beide Länder: Holtzwart und Boltz sind Elsässer, die in der Schweiz dichten. Rasser's Kinderzucht wird in Bern gegeben. Derselbe Zusammenhang besteht bekanntlich auch in der Satire zwischem dem Elsass und der Schweiz (Basel): Jörg Wickram schliesst auch im Drama an die Form der Gengenbach'schen Satire an, dessen „zehn Alter" er wahrscheinlich ebenso wie die Narrenbeschwörung von Murner bearbeitet hat. In dem Narrengiessen 1538 variirt und belebt er dann das steife Schema (s. Archiv VIII 323 ff.), während der trew Eckart (s. Stöber, Wickram 16 ff.; Gottsched 2, 149) noch ganz auf der Stufe Gengenbachs steht. Wickram inaugurirt das biblische Drama im Elsass 1540 mit seinem verlornen Sohn, welcher auch inhaltlich auf dem Drama des Schweizers Jörg Binder fusst, und zeigt in seinem Tobias, einem der breitesten und ausgedehntesten Stücke der Zeit, am deutlichsten den Einfluss der Schweizer Bürgerspiele. Gleichzeitig dichtet Thiebold Gart seinen Josef (1540), in welchem sich der Einfluss der humanistischen Richtung des Elsasses in entscheidenden Anklängen an Ovid bemerkbar macht (hrsg. von Erich Schmidt, Strassburg 1877; Scherer ADB und Elsass ³279). Hierher gehören Alexander Seitz und Johann Rasser: der eine für, der andere gegen die Toleranz dichtend. Die Schwankdichter Jacob Frey (Scherer ADB) und Martin Montanus (Erich Schmidt ADB), welcher in seinen Dramen wie in seinen Novellen Stoffe aus Boccaz behandelt, und Samuel Israel, welcher mit Benutzung der Gabriel Rollenhagen'schen Tagweise die Geschichte von Pyramus und Thisbe behandelt (s. Genée S. 253 ff. und Gaedertz, G. Rollenhagen 97 ff.). Selbst das lateinische Drama, wie wir gesehen haben, strebt in dieser Gegend unter dem Einflusse der Schweizer Dichtung und der englischen Comödianten nach grösserer Ausdehnung und sinnlicher Breite.

Das Centralland für das Schuldrama in deutscher Sprache, das biblische Drama im Sinne Luthers ist Sachsen. Gödeke § 147 fasst ein bischen viel, das ganze Sachsen und

Thüringen u. s. w. zusammen. Es lassen sich Unterabteilungen gewinnen:

a) das Magdeburger Schuldrama (Scherer, deutsche Studien III, Wien 1878, S. 11 f. 23. Gödeke II² 356. Gaedertz, Rollenhagen 51 f. Ueber die Schulordnungen zusammenfassend Holstein a. a. O. S. 31 ff. und derselbe, das altstädtische Gymnasium zu Magdeburg, Fleckeisens Jahrbücher 1884, 2. Abtlg. 20 ff.). Seit dem Rektorat des Georg Major (1529—1636) Pflege des Schuldrama. Hier dichtet Joachim Greff (Scherer, Studien III 11 ff. ADB Scherer. Archiv X 154 ff. Holstein, Findlinge aus der Reformationszeit, Progr. Wilhelmshaven 1887. Suhle in Mitt. d. V. f. anhaltische Geschichte V, Heft 2, 4 und 5. Ueber die Bearbeitung der Aulularia des Plautus s. Günther 29 ff.), welchen G. Sabinus in Wittenberg zur Bearbeitung und Nachahmung des Plautus und Terenz ermuntert hatte (nicht im Verein mit Major, sondern allein) sein erstes biblisches „Spiel von Jacob und seinen Söhnen", 1534 aufgeführt. 1535 folgt die Magdeburger Susanna von unbekanntem Verfasser (Scherer, Studien III 18 ff. Anzeiger f. d. Alt. V 143 f. Archiv X 145 f.), 1537 und 1538 die Dramen von Walter Voith (hrsg. von Holstein im Stuttgarter L[iterarischen] V[erein] Nr. 170. Ueber die Esther vgl. Archiv X 147 ff. XI 442. Ueber das Erlösungsspiel von 1538 vgl. Gödeke, Every-man 90 ff.). Anzuschliessen sind: Johann Baumgart (ADB Scherer. Archiv XI 165 f.), Georg Rollenhagen (Gödeke, Froschmäuseler I. S. IX u. XII ff. Archiv f. Litgesch. X 576. Gaedertz, Gabriel Rollenhagen 43 ff. Ueber den Tobias: Schnorr von Carolsfeld im Centralblatt für Bibliothekswesen II 501 ff. Bolte, Alemannia XIV 188 ff.), Andreas Hartmann (Scherer ADB), Joachim Lonemann (Gödeke, Froschmäuseler I S. XVII. Archiv X 577 ff.), Joseph Götze (Goliath 1616 verloren), Johannes Blocius (Scherer ADB). Ein lehrhafter, nüchterner, schulmeisterlicher Zug ist diesen Dramatikern eigen.

An die Magdeburger Schulkomödie und seinen Vater Georg ist der Sohn Gabriel Rollenhagen (Monographie von Gaedertz, Leipzig 1883; Erich Schmidt, Archiv XI 285 ff.) anzuschliessen, welcher in seinen Amantes amentes (1609) die Dramen seines Vaters benutzt. Bei ihm begegnen auf unserem Wege zuerst die Scenen im plattdeutschen Dialekt welche eine weite Herkunft haben. Der Auftritt vom

Strebkatzziehen aus Bado's Clas Bûr (1532) wird von Omichius in sein deutsches Drama 1578 Dionys und Damon und Pythias herübergenommen (ADB Kranse; Gaedertz, Rollenhagen 172 f. 83; Wiechmann, Mecklenburgs altniedersächsische Literatur, Schwerin 1864—1885, II 90 ff. 117. III 221). In dem Isaak (1600) des Johann Butovius (Gaedertz, Rollenhagen 32 f. ADB Scherer), welcher den Abraham des Georg Rollenhagen fortsetzen sollte, läuft neben der biblischen Handlung eine bäuerliche Ehestandsgeschichte als plattdeutsches Zwischenspiel einher. Die Zwischenspiele von Omichius und Butovius soll Joachim Schlů in seiner niederdeutschen Bearbeitung des Abraham von Georg Rollenhagen benutzen (Gaedertz 43 ff.; Wiechmann III 26 ff. 224; Freybe, altdeutsches Leben III 361 ff.). Gabriel Rollenhagen steht in dieser Tradition, ohne dass die Abhängigkeit eine so genaue wäre als Gaedertz glauben machen wollte (s. Zs. f. d. Ph. XIV 222 ff.). Er wirkt seinerseits weiter auf Locke's verlornen Sohn von 1619, die Esther von Markus Pfeffer (1621), und die niederdeutsche Bauernkomödie von Teweschen Hochtiet 1644 (Jellinghaus, nd. Bauernkomödien, L. V. 147. S. 201 ff.). Rist u. A. setzen im XVII. Jahrb. die Zwischenspiele in plattdeutscher Mundart fort, welche zum Teile auch in den schlesischen Dialekt übersetzt werden und auf Andreas Gryphius einwirken; während die niederdeutschen Bauernkomödien mit dem niederländischen Drama sich verbinden.

b) Das Zwickauer Drama, welches ebenso wie das Magdeburger seinen Impuls von Wittenberg und von Luther empfängt. Neben Rebhun, der den Mittelpunkt bildet, stehen Ackermann und der Stadtschreiber Stefan Roth (Scherer, Beiträge III 13; Palm 86. 95); aus Zwickau stammt auch J. Greff. Die Neigung zu strengerer metrischer Form ist in der Zwickauer Dichtung überhaupt, nicht bloss im Drama, zu erkennen (s. Erich Schmidt, Anzeiger V 147). Der metrische Einfluss Rebhun's ist von Palm überschätzt worden (Palm, Beiträge zur deutschen Literatur des XVI. und XVII. Jahrhunderts, Breslau 1877, S. 91 ff.; Höpfner, Reformbestrebungen auf dem Gebiete der Literatur des XVI. und XVII. Jahrhdts., Berlin 1866, S. 11 ff.). Paul Rebhun (Ausgabe von Palm L. V. 49. Bd. 1859, die Einleitung abgedruckt in Palms Beiträgen 84 ff.; dazu Erich Schmidt, Anzeiger V 141 ff. Holstein ADB), welcher kein Berliner, sondern ein Oesterreicher ist (Güdeke Gött. gel. Anz. 1880 S. 651), betont in seinen Dramen gegenüber dem Patrioten Sixt Birck das Familiäre: die christliche Familie und die Ehe in Luthers Sinne ist das Thema seiner beiden Dramen. Die Teufelsintrigue in der Hochzeit zu Kanaan beruht auf dem Muster Naogeorgs. In metrischer Hinsicht schwebt ihm die Form des antiken Drama vor: sorgfältig ausgearbeitete Chöre von reicher strophischer Gliederung zwischen den Akten der Susanna, im Dialog „jambische und trochäische Verse nach der Lateiner Art"; wechselnde Versmasse, wobei das Bestreben deutlich ist, Personen von Gewicht und Bedeutung, besonders Christus, in längeren Versen reden zu lassen. Er findet Widerstand und beklagt sich selbst, dass Nachdrucker seine kunstvollen Versmasse einfach auf das übliche Mass der vier Hebungen reduzieren. Er findet aber auch Nachfolger in Bezug auf Inhalt und Form. Unter diesen ist der begabteste Hans Ackermann (Ausgabe von Holstein L. V. 170. Bd., 1885; der barmherzige Samaritaner, Herrig 77, 303 ff. gedruckt. — Arch. f. Litgesch. X 7 ff.; Scherer ADB; E. Schmidt, Anzeiger f. d. Alt. V 148), Lehrer in Zwickau. Er zeigt den Einfluss Rebhuns erst seit 1540 in der metrischen Form; sein Tobias feiert wie Rebhuns Hochzeit zu Kana den christlichen Ehestand und im Samaritaner wird der lüderliche Sohn dadurch charakterisiert, dass er den Ehestand verschmäht. Wie Rebhun liebt auch er rührende Kinderscenen. Die Heirath Isaaks von Hans Tyrolf aus Kahla, wo Rebhun vor 1531 als Schulmeister und Naogeorg 1541—46 als Pfarrer wirkte, ist das hausbackene alttestamentliche Seitenstück zu Rebhuns Hochzeit von Kana (Palm a. a. O. 97; Anzeiger V 146 ff.; Zs. XXIII 195). Der Einfluss Naogeorgs, dessen Pammachius Hans Tyrolf in fünffüssigen Jamben übersetzt und Rebhun gewidmet hat, ist auch in dem Hofteufel von Johannes Chryseus (Palm 98; ADB IV 253 f.) zu erkennen, welcher an der Spitze der reichen Teufelsliteratur des XVI. Jahrhunderts steht: mit Naogeorg, dessen Hamannus durch Chryseus verdeutscht wurde, hat er die antipapistische Tendenz und die Teufelstypen gemein; mit Rebhun den rührenden Abschied von

XIX

den Kindern. Den Hofteufel hat dann Omychius in seiner oben citirten Comödie von Damon und Pythias ausgeschrieben (Gött. gel. Anz. 1887 Nr. 7, S. 280; E. Schröder). Johann Krüginger (ADB Scherer; Palm a. a. O. 98 f.; Gottsched II 210 ff.) ist 1555 Diakonus in Marienberg im Erzgebirge, wo nach 1540 Hans Ackermann als Bürger nachgewiesen ist: nach dem Muster Rebhuns lässt er in seinem überarbeiteten Lazarus von 1555 Gott Vater der gravitas wegen sogar in 6 flüssigen Versen reden. Lucas Mai (Palm a. a. O. 99 f.; Anz. V 148 E. Schmidt; ADB Scherer).

c) In der Grafschaft Mansfeld (s. Rembe's Einleitung zum Neudruck von Rinckarts Indulgentiarius confusus, Eisleben 1885) bilden die Dialoge Kaspar Güthels, des Eislebener Augustinermönches, den Ausgangspunkt des Dramas; schon hier verkündigt sich in der Heimath Luthers und durch einen Bruder seines Ordens die reformatorische Tendenz. Aus Eisleben stammen die Dramatiker: Johann Agricola, Conrad Graff, Conrad Porta (ADB Holstein), Matthäus Scharschmied; aus Eisleben sind Philipp Agricola Sohn und Pondo nach Berlin, Cyriacus Spangenberg mit seinem Sohne nach Strassburg gewandert. In der Druckerei von Urban Glaubisch in Eisleben wurden zahlreiche Dramen gedruckt; Aufführungen sind erst 1613—1617 von Rinckart'schen Stücken bezeugt und wurden, bald durch den 30jährigen Krieg unterbrochen, erst 1645 wieder aufgenommen (bis 1732 nachweisbar). In Hettstedt wirkt Andreas Heppenrodt. Der Charakter des Dramas ist der des lutherischen Tendenzstückes; bestimmter noch ist hier das Reformationsdrama zu Hause, indem die Person des Reformators in seiner Heimath in den Vordergrund tritt, und die Reformation und Luther selbst zum Gegenstande der Darstellung gewählt werden. In Eisleben hat daher auch der Drucker Adam Petri das mittelalterliche Spiel des „Messpfaffen" Schernberg von Frau Jutten (1480 entstanden) in den Druck gegeben, mit der Absicht, zu zeigen, dass die Katholiken „nicht gar so rein und fromm seien". Scharschmied dramatisirt in derselben Tendenz 1589 die Geschichte von einem buhlerischen Pfaffen aus Schumann's „Nachtbüchlein". Die Dramen von Cyriacus Spangenberg (1589—90) sollen blos gereimte Sonntagsevangelien sein; Johann Agricola behandelt den Vorreformator Huss 1537, Rinckart in drei Stücken 1613—1627 die Reformationsgeschichte. Die Rheinlande, welche Gödeke § 148 behandelt, ergeben blos einen stofflichen Zusammenhang durch das Everyman-Drama; s. unten. Dagegen bilden Brandenburg, Pommern, Preussen (Gödeke § 151; Bolte, märkische Forschungen XVIII 307. 310. 317. 319 f. 325) wieder eine Einheit, für welche die Pflege des Weihnachtsspiels charakteristisch ist. Von den Schulaufführungen im grauen Kloster, zu denen Mönch Helmich die Texte hergestellt haben soll, sind keine Zeugnisse erhalten. Erst seit 1540 sind Aufführungen nachzuweisen: der älteste Dramatiker ist Heinrich Knaust (Chnustinus; s. ADB Francke), dessen Weihnachtsspiel von 1541 Friedländer (Berlin 1862) herausgegeben hat. In Spandau bei Berlin, wo Schulaufführungen von 1546—1602 nachweisbar sind, ist 1549 das sog. Spandauer Weihnachtsspiel entstanden, dessen Verfasser Christoph Lasius (hrsgeg. von Bolte, märkische Forschungen XVIII 109 ff.) das Spiel von Chnustinus nur wenig benutzt, aber auch der volkstümlichen Tradition des Weihnachtsspieles nicht viel zu verdanken scheint. Das Weihnachtsspiel von 1589 (hrsg. v. Friedländer, Berlin 1839; nach der Handschrift von Gerstmann in Reclams Universalbibliothek [1685]; übersetzt von Freybe, Gütersloh 1882) wird ohne genügenden Grund Georg Pondo zugeschrieben (s. Bolte im nd. Jahrb. IX 94 ff.; nd. Correspondenzbl. IX 91 f. und ADB) und benutzt ausgiebig sowol die älteren volkstümlichen Weihnachtsspiele, als die Stücke von Lasius und Pape (Nativitas Christi 1582; ADB Holstein). Hier finden wir auch, wie später in Cuno's (ADB Scherer) Weihnachtsspiel 1595 Hirtenscenen in märkischer Mundart. Hierher gehören weiter: der Brandenburger Bartholomäus Krüger (Scherer ADB; Muncker bei Ersch und Gruber II 140, 107 f.), den Verfasser des Hans Clawert, dessen geistliches Spiel Gödeke (Deutsche Dichter des XVI. Jahrhunderts, Bd. III 1 ff.; das eingeschobene Spiel hrsg. durch Freybe, Rostock und Ludwigslust 1883) und dessen weltliches Spiel Bolte (Leipzig 1884; vgl. Werner Zs. f. öst. Gymn. XXXV 845 ff.) herausgegeben haben. Joachim Arentse (v. d. Hagen Germania

III 150 ff.; Märkische Forschungen XVIII 310), dessen das Erlösungswerk darstellendes Prozessstück „das geistliche Malefizrecht" 1587 erschienen ist. Bartholomäus Ringwaldt, der Verfasser des Speculum mundi 1590 (vgl. Alt, Theater und Kirche, S. 481 ff.; Hoffmann von Fallersleben, Spenden II 46 ff.). Zwei Eislebener (Philipp Agricola und Georg Pondo) und ein schlesischer Schulmann (Heinrich Zenckfrey, s. Günther a. a. O. 51 ff.), der die Aulularia des Plautus übersetzt, wirken hier. Dafür gehen die Brandenburger Stymmelius, Rollenhagen, Cramer ins Ausland. In Ostpreussen wirken Gregorius Wagner und Petrus Prätorius aus Cottbus (ADB Bolte). 1589 erfolgt auf Betreiben der Geistlichkeit das Verbot der Passionsdarstellungen durch den Kurfürsten Joachim Friedrich, woraus sich ergiebt, dass diese bis ans Ende des XVI. Jahrhunderts fortlebten.

Ueber Niederdeutschland ist bei Gödeke § 145 S. 335 ff. (das Drama in niederdeutscher Sprache; über Forchem und Opsopäus s. die Artikel von Scherer und Bolte in ADB und Gaedertz, das nd. Schauspiel I 16 ff.) und § 152 zu vergleichen; ebenso das oben (S. XVII) citierte Werk von Wiechmann. Den Ausgangspunkt bilden die niederdeutschen Fastnachtsspiele mit reformatorischer Tendenz: Henselin (gedr. nd. Jahrb. III 9 ff.; vgl. V 173 ff., nd. Correspondenzbl. IV 39 f. u. ö.) und Claws Bûr (hrsg. von Hoefer, Greifswald 1850; übersetzt von A. Freybe, Gütersloh 1879) von Bado. Johannes Rümoldt (Goedekes Ausgabe, Hannover 1855. S. A. Ueber den Stoff: Varnhagen, ein indisches Märchen auf seiner Wanderung durch die Weltliteratur, Berlin 1882; dazu R. Köhler, Archiv XI 582 ff.). Rudolf Bellinckhaus, der sog. Osnabrücker Hans Sachs (Lichtenberg im deutschen Museum 1779, II 145 ff.; ADB Krause; Weimar. Jahrbuch IV 144 ff.). Hierher gehört auch der Dürener Schulmeister Martin Schmidder oder Fabricius, welcher 1582 den Stoff der bezähmten Widerspänstigen (vgl. das nd. Fastnachtsspiel) behandelt hat (Bolte, märk. Forschungen XVIII 317).

Die Dramatiker Oesterreichs: Gödeke § 153 II 404 ff. u. J. M. Wagner in Naumanns Serapeum XXV ff. 1864; neuerdings Bolte in Zs. f. d. Alt. XXXII 9 ff. Versuche, das Schuldrama zu begründen, werden von Ausländern unternommen, aber

XXII

die Türkengefahr und Gegenreformation ersticken sie bald.
In den Jahren 1540—1551 dichtet hier der Pfälzer Wolf-
gang Schmeltzl als Schulmeister bei den Schotten in Wien,
über welchen Spenglers sorgfältige Monographie (Wien 1853;
s. Archiv XIII 116 f.) alles Nöthige enthält; sein Samuel und
Saul ist in den Wiener Neudrucken Nr. 5 wieder abgedruckt
worden. Thomas Brunner, aus Landshut gebürtig, in
Wittenberg ausgebildet und in den 60er Jahren als Schulmeister zu Steyr in Oberösterreich wirksam, ist von Scherer
(ADB und Anzeiger I 61) kurz charakterisiert worden. In
Steyer war von 1572 bis 1594 auch Georg Mauritius
(Scherer ADB) aus Württemberg als Lehrer thätig, dessen
10 Schuldramen zwar erst später erschienen, aber wol auch
in Oesterreich gedichtet sind. Seit 1551 finden wir die
Jesuiten in Wien: bald tritt an die Stelle des Schuldrama
das Jesuitendrama. — Von den österreichischen Provinzen
kommen Ungarn, wo Stöckel in Bartfeld seine Susanna
1559 dichtet (s. Abel, Ungarische Revue IV 649 ff., V 91,
VII 705; Zs. XXXII 16); Steiermark (über die Anfänge des
Theaters in Graz s. Mitteil. d. V. f. Gesch. der Steiermark
XXXIII 124 ff.) besonders aber Tirol in Betracht, woher das
unten besprochene und wieder zum Abdruck gebrachte
Stück stammt (unten S. XLV ff.).

Schlesien greift erst im XVII. Jahrhundert in die Entwickelung des Drama ein. Ueber die Anfänge des schlesischen Drama handelt Palm (Beiträge 113 ff.; dazu E. Schmidt,
Anzeiger V 149 ff.). Sowol das Meistersängerdrama (Vertreter
st Puschmann; über ihn vgl. Hoffmann v. Fallersleben,
Spenden II 1ff.; E. Götze im neuen Lausitzischen Magazin
LIII 59 ff.; Roethe ADB.), als das Schuldrama ist im Laufe
des XVI. Jahrhunderts noch ohne feste Continuität; über
das letztere vgl. des Rektors Arletius Historischen Entwurf
von den Verdiensten der evangelischen Gymnasiorum in Breslau um die deutsche Schaubühne (Breslau 1762). Die Produktion ist gering: Calagius (ADB Palm) übersetzt Frischlin; Martinus Bohemus (ADB Scherer) arbeitet nach
fremden Vorbildern; Hieronymus Link (Palm a. a. O. 125)
und Zacharias Liebhold (Palm 125 f.; Genée 192 Anm.)
behandeln Novellenstoffe; Kober (Palm 126; Scherer ADB)
einen historischen Stoff; Joh. Czepko (Palm 124) dichtet
1617 ein Weihnachtsspiel.

XXIII

In § 149 fasst Gödeke den Südwesten Deutschlands, mit Ausnahme des Elsasses und der Schweiz, zusammen: hieher fällt die Hauptpflege des lateinischen Schuldrama, während die Pflege des deutschen Drama hauptsächlich den Meistersängern und Handwerkern zufällt.

In Würtemberg bearbeitet der Elsässer Valentin Boltz (Scherer ABD) als Diakon in Tübingen 1539 den Terenz in deutscher Prosa für die Schulen. Daran schliessen sich Frischlins deutsche Dramen, von demselben Charakter wie seine lateinischen und durch D. F. Strauss (L. V. 41. Bd. 1857) herausgegeben. Sein Schüler ist der lateinische Dramatiker A. Hunnius, ein streitfertiger Theologe; und dessen Schüler wiederum ist der deutsche Dramatiker Thomas Birck, dessen Dramen in naher Beziehung zu seinen eifernden Predigten stehen (ADB Scherer; Holstein in Zs. f. d. Phil. XVI 71 ff.; Sievers bei Paul und Braune, Beitr. X 199 ff.; Spengler, Iglauer Programm 1885, S. 11 f.).

Ueber das theatralische Leben in den süddeutschen Städten, noch vor Ankunft der englischen Komödianten in Deutschland, haben wir neuerdings wertvolle archivalische Nachrichten erhalten: über München (Jahrb. I 195 ff. u. 269), Landshut (a. a. O. 299 ff.), Kaufbeuren (Trautmann im Archiv XIV 225), Nördlingen (Archiv XIII 34 ff.), Schiltach (Bolte, Alemannia XIV 188). Neben der Schulkomödie gab es Aufführungen durch die Meistersänger und durch Handwerkerinnungen oder Bürgervereine. Die eigene Produktion bedeutet nicht viel: Johannes Brummer (ADB Scherer) liefert als Rektor in Kaufbeuren eine geistlose Dramatisierung der Apostelgeschichte; Johann Zihler in Nördlingen (Arch. XIII 429 ff.) schreibt Hans Sachs aus. In Ingolstadt, wo das lateinische Drama und später das Jesuitendrama gepflegt wurde, hat Christoph Freyssleben 1539 den Stichus des Plautus übersetzt und aufgeführt (Günther 32 ff.). In Augsburg setzt die Thätigkeit Sixt Birks ein Menschenalter später Sebastian Wild fort (Zs. f. d. Phil. XVIII 207 ff.; Tittmann, Schauspiele I 200 ff.), dessen zwölf nach der Bibel oder nach Volksbüchern bearbeitete Dramen 1566 erscheinen. In Nürnberg wirken neben Hans Sachs noch Peter Probst (Archiv IV 409 ff.; ADB Roethe) und Lienhart Culmann (ADB Scherer; Archiv VII 460 ff., 480 ff.; sein Spiel von der Witfrau gedruckt bei Tittmann I 107 ff.; sein Auf-

XXIV

ruhr der Weiber zu Rom in Scheibles Schaltjahr V 422 ff., vgl. Genée 117 ff.; das Spiel vom bekehrten Sünder besprochen bei Gödeke, Every-man S. 86 ff.; Isaak und Rebekka von Holstein in Zs. f. d. Phil. XX 346 ff.).

Die Blüte des volkstümlichen meistersängerischen Drama trifft in Strassburg mit der Blüte des gelehrten lateinischen Drama zusammen. (S. Martin, die Meistersänger in Strassburg. Vortrag. Strassburg 1882. — Urkundliches über die Meistersänger in den Strassburger Studien I 76 ff.) Wolfhart Spangenberg bearbeitet die Textbücher in deutscher Sprache für das Akademietheater und dichtet auch selber volkstümliche Dramen in deutscher Sprache. Ueber ihn handelt Gödeke § 171 II² 556; Scherer im Elsass II¹ 65 ff., ³316, und in den Strassburger Studien I 76 ff.; Bossert im Archiv XI 319 ff., XIV 107 ff.). Zwei von seinen Dramen hat Martin in den Ausgewählten Dichtungen von Spangenberg (Strassburg 1887) veröffentlicht.

Aber die landschaftliche Gruppierung und selbst die Persönlichkeit der Dichter kommt bei dem Drama des XVI. Jahrhunderts weniger in Betracht als die Tradition, welche sich, meistens von dem lateinischen Drama aus- und auf das deutsche übergehend, unter den Bearbeitungen derselben Stoffe einstellt. Es bilden sich Schemata und Typen heraus, welche auch das kräftigste Talent in ihren Bann zwingen und festhalten. Es sind wiederholt Versuche gemacht worden, die Dramen des XVI. Jahrhunderts nach Stoffen zu gruppieren und zu untersuchen: die Untersuchung ist von Einzelnen sorgfältig und resultatreich geführt worden, aber die Darstellung, deren sie sich bedient haben, kann ich nicht gut heissen. Sie bietet uns meist das nackte Material in Auszügen, welche chronologisch an einander gereiht werden. Hat nun schon die chronologische Folge dort, wo man das Auseinander nachzuweisen sucht, nur eine sekundäre Bedeutung und oft Verwirrung zur Folge, so ist die Auffassung von 20 bis 30 Dramenauszügen, welche noch dazu denselben Stoff behandeln und hinter einander gelesen werden, eine unmögliche Sache. Der Verfasser muthet dabei dem Leser eine viel stärkere und schwierigere Arbeit zu, als die Lektüre der Stücke selbst wäre, die er dem Leser· ersparen will. Meines Erachtens müsste hier ein chronologisches Verzeichniss der Stücke mit Inhaltsangabe als das zu Grunde gelegte Material zur Kontrolle und weitern Benutzung in den Anhang verwiesen werden: die eigentliche Untersuchung aber, wenn sie wirklich zu einem Resultate geführt hat, müsste dann auch imstande sein, einen Archetypus der Handlung und Charaktere aufzustellen, an welchem die weiteren Entwickelungen und Veränderungen aufzuzeigen wären. Auch darf nicht vergessen werden, dass der literaturgeschichtlich am mindesten interessante Fall immer die Entlehnung und das Ausschreiben ist: man hat sich oft viel Mühe gegeben, ein Plagiat nachzuweisen, über die Vorlage selbst aber nicht ein Wort mitgeteilt. Endlich aber ist zu beachten, dass als letztes Ziel solcher Untersuchungen immer die Entwickelung der dramatischen Form und nicht die des Stoffes für die Literaturgeschichte vor Augen steht.

Ich schliesse mich im Folgenden an die fleissige Zusammenstellung an, welche Holstein in seinem oben citierten Buche (S. 75 ff.) von den Dramen des XVI. Jahrhunderts nach den Stoffkreisen gegeben hat.

Bekanntlich hat Luther, dessen Worte die Dramatiker gerne im Munde führen (Bolte, märkische Forschungen XVIII 198 f. Anm.) biblische Stoffe überhaupt und bestimmte Themen aus der Bibel im besondern empfohlen und damit dem Drama des XVI. Jahrhunderts eine Art von Stoffzwang auferlegt. An die Dramen von Voith und Krüger, welche das ganze Erlösungswerk behandeln (Holstein 76 ff.), schliesst sich Georg Kolb an (Palm a. a. O. 121), welcher sein Stück nur vom Fall Adams bis auf den verheissenen Samen Christi führt. Den Fall Adams (Holstein 80) behandelt auch Makropedius 1551 und 1596 Avianius (ADB), auf welchen letzteren wieder Johannes Oepffelbach (ADB Bolte) zurückgeht. Der tauglichste Stoff aus dem alten Testament, der Brudermord Kains (Holstein 80 ff.), wird bezeichnender Weise verhältnismässig wenig bearbeitet; trotz den Typen, welche das lateinische Lustspiel hier an die Hand gab; trotz der Beliebtheit des Motives vom verlorenen Sohn; und trotzdem die contrastierenden Jünglingscharaktere in den Schul- und Knabenspiegeln ausgebildet waren. Ueber den Stoff des Abraham (Holstein 81 und 195) vgl. Bolte, Märkische Forschungen XVIII 204 f. Das Drama des Hieronymus Ziegler wird durch Rollenhagen erweitert; diesen benutzt Jakob Schlü, welcher sich aber auf die Opferung Isaaks beschränkt und den Butovius und Omichius seine niederdeutschen Scenen entlehnt. Als gemeinsame Quelle wird für Rollenhagen und Schöpper der lateinische Dialog (1546) von Petrus Philicinus (ADB Holstein) betrachtet. **Untergang von Sodoma und Gomorrha** (Holstein 83): vgl. Bolte, märkische Forschungen XVIII 203 ff.; dazu ein Drama von Matthias Meissner 1580, das 1586 ins Czechische übertragen wurde (s. Zs. f. d. Phil. XX 32 f.). Die **Heirat von Isaak und Rebekka** (Holstein 83 f.) dient ausser bei dem weltlichen Frischlin, der in böser Ehe lebte, zur Verherrlichung der christlichen Ehe im Sinne Luthers. Sie ist auch von Culmann 1547 (Anz. f. d. A. V 141) und von Petrus Prätorius 1559 (ADB Bolte) bearbeitet worden, welche beide (nach dem Vorgange Rebhuns in der Hochzeit von Cana) den Teufel durch ein altes Weib gegen die Liebenden intriguiren lassen. Johann Butovius' Ehespiegel bildet die Fortsetzung zu Rollenhagens Abraham. Wie an das Drama vom verlornen Sohn die Schulspiegel, so schliessen sich an die Heirat von Isaac und Rebecca die Ehespiegel an: 1586 Johann Schuward, 1598 Thomas Birck, 1600 Butovius' Ehespiegel (s. Zs. f. d. Phil. XVI 71 ff.). Ueber das **Josefsdrama** (Holstein 87 ff.): Scherer, Studien III 23 ff. 26 ff., und A. v. Weilen, der egyptische Josef im Drama des XVI. Jahrhunderts, Wien 1887, wo eine Zeittafel die Abhängigkeit zu versinnlichen sucht. Die **Kindheit Mosis** hat Zibler nach Hans Sachs, die **Exodus** B. Crusius lateinisch bearbeitet, sein Stück liegt dem Moyses von Brülovius zu Grunde. Auch **Jephthas Tochter** (Holstein 90 f.) hat Zibler nach Hans Sachs behandelt und auch die **Ruth** (Holstein 91) gewiss nicht selbständig, sondern nach einem uns noch unbekannten Originale. **Saul** (Holstein 91 f. und Wackernagel, Litgesch. § 105, S. 43 ff.): der lateinische Saul von Virdung 1598 hat mit dem Strassburger Saul von 1606 nichts zu thun. **David** (Holstein 92): vgl. Spengler, Schmeltzl 62 Anm. **David und Absalon** (Holstein 94) ist auch von Bertesius (Scherer ADB) behandelt worden. **Sapientia Salomonis** (Holstein 94): das Drama von Sixt Birck wurde 1591 von Kirchner aus Frischlins Rebecca interpolirt; Schmeltzls Stück ist verloren. **Hiob** (Holstein 95): von

Lorichius. Elias (Holstein 97): niederdeutsch von Koch
(Opsopäus) s. Gaedertz, nd. Schauspiel I 16 ff. und Bolte ADB
(s. v. Opsopäus). Jeremias (Holstein 99): ausser Naogeorg
auch Pheretratus (s. Holstein ADB). Daniel (Holstein 99 f.):
M. Balticus 1558. Judith (Holstein 100 ff.): vgl. Scherer,
Studien III 43 ff. Sie wird im Costüme der Türkenkriege
behandelt (Obermayer im Öst. Jahrb. VII [1883] 294 f.; Wiener
Neudrucke 8, 39 ff.). Die Scene wie Achor angebunden wird und
das Gelage vor der Ermordung des Herodes werden typisch.
Auf Sixt Birck gehen die Dramen des Strassburger Anonymus
und des Martin Bohemus zurück; der letztere macht Zusätze
mit Benützung des Schonäus. Hans Sachs und Schmeltzl
sind selbständig. Tobias behandelt ebenfalls die christliche
Ehe (Holstein 105 ff.): Scherer, deutsche Studien III 1 ff.;
Holstein L. V. Bd. 170, S. 8 und Herrig 77, 303 ff. Der Typus
der faulen störrischen Magd im Tobiasdrama: s. Anz. f. d.
Alt. V 148. Der Zusammenhang unter den Stücken ist noch
wenig untersucht: Martin Bohemus arbeitet nach Ackermann;
Rollenhagens Stück (1576) ist von Brunner abhängig und
wurde von Daniel Friderici ausgeschrieben (s. Alemannia
XIV 188 ff. Bolte; Wiechmann III 26; Zs. f. d. Alt. XXXII 16 f.).
Ein französischer Tobias von Catharinus Dulcis aus Genf
wurde 1649 in Kassel gegeben (Rommel, Geschichte Hessens
VI 477; Zs. f. d. Phil. XX 82 Bolte). Dänisch um 1600, hrsg.
von Smith, Kopenhagen 1887. Esther (Holstein 108;
dazu Philicinus 1564): Scherer in Zs. f. d. Alt. XXIII 196 ff.
Archiv f. Litgesch. X 147 ff.; Holstein L. V. 170, S. 150. Von
Voith und Pfeilschmidt (Holstein in Zs. f. d. Phil. XX 232 ff.
und ADB) ist Markus Pfeffer abhängig (Archiv f. Litgesch.
XII 46. Gaedertz, Rollenhagen 71. ADB Holstein). Naogeorg (H. Grimm, Essays 147) wird von Damian Lindtner
frei benutzt und genauer von G. Mauritius d. ä. Mit den
englischen Comödianten stimmt das Puppenspiel bei Engel
(Puppenspiele, Oldenburg 1880, Heft 6) überein. Ueber die
Susannadramen (Holstein 110 ff.) giebt es eine Arbeit von
Pilger in der Zs. f. d. Phil. XI 129 ff.; vgl. dazu Gödeke in
Gött. gel. Anz. 1880, S. 644 ff.; H. Grimm, Essays 144 ff.; Scherer,
deutsche Studien III 19 ff.; Archiv f. Litgesch. X 145 ff.; Anzeiger V 142 ff.; Bolte, märkische Forschungen 18, 197 Anm.
Oberengadinisch wörtlich nach S. Birck, hrsg. von Jacob Ulrich,

Frauenfeld 1888. Sixt Birck wird von Rebhun, Stöckel und Frischlin benutzt; der letztere kennt auch Rebhun und wird seinerseits wieder von Schonäus, Israel und dem Herzog Heinrich Julius von Braunschweig benutzt. Eine zweite Tradition geht von dem alten Nürnberger und Magdeburger Drama aus: Leseberg und der Herzog von Braunschweig verraten Kenntnis desselben; bei dem Herzog von Braunschweig treffen also beide Traditionen zusammen.

Unter den neutestamentlichen Stoffen (Holstein 123) ist Johannes der Täufer beliebt: offenbar aus den mittelalterlichen Passionsspielen, denn Greff (Scherer, deutsche Studien III 40) beruft sich in einer Vorrede ausdrücklich auf die Vorfahren. Buchananus soll (Herford 98) Schöpper benutzen, ein Drama von Schonäus fehlt bei Holstein. Das beliebteste Thema aus dem neuen Testament ist das der Weihnachtsspiele, welche bis ins 17. Jahrhundert fortleben (Bolte in Märkischen Forschungen XVIII 211 ff.; über Pachs Weihnachtsspiel von 1638 s. ADB Bolte). Den zwölfjährigen Jesus (Holstein 131) behandelt Macropedius im Jesus scholasticus 1556 und Oldendorp in einem deutschen Drama von 1586 (Bolte ADB); Cuno (s. Scherer ADB); aus Burmeisters Stück Auszüge bei Wiechmann III 16 ff. 223. Die Passion (Holstein 133 ff.) wurde auf Luthers Widerraten nur selten Gegenstand des Drama: er fürchtete sowohl die ungesunde sentimentale Auffassung von Christi Leiden, als den Rückfall in den katholischen Ceremoniendienst. In den katholischen Gegenden dauern sie fort, wie die Freiburger Handschriften von 1599 und 1604 beweisen, welche Martin in der Zeitschrift der historischen Gesellschaft in Freiburg III 1 ff. herausgegeben hat. Auf Sebastian Wild beruht das Oberammergauer Passionsspiel (vgl. A. Hartmann, das Oberammergauer Passionsspiel in seiner ältesten Gestalt zum ersten Male herausgegeben, Leipzig 1880). Eine Passionsaufführung ist 1569 in Berlin nachgewiesen (Friedländer, Weihnachtsspiel von 1589, Berlin 1839, S. VII); über das spätere Verbot, welches Fortdauer voraussetzt, s. oben. Hierher gehört auch die Magdalena evangelica von Petrus Philicinus (ADB Holstein). Bei den Lazarusdramen (Scherer, deutsche Studien III 55. 58 f. Palm 88 und 98. Gaedertz, Rollenhagen 39. 118. Gödeke, Rümoldt 113), welche durch den Gegensatz des armen und reichen Mannes auch dem demokratischen Hange des Jahrhunderts entgegen kamen, bildet Sapidus 1538 (Scherer, Elsass³ 310 f.) den Ausgangspunkt; sein lateinisches Drama wird von J. Greff übersetzt und von Funkelin benutzt. Avianius 1607 dagegen benutzt den Mercator des Naogeorg (Anzeiger XIII 255). 1616 behandelt Götze den Stoff. Beliebt war auch die Parabel vom Samaritaner (Bolte, Herrig LXXVII 303 ff.): auf den Niederländer Papeus 1539 (ADB Holstein), welcher den Acolast des Gnapheus benutzt und seinerseits wieder vom Erfurter Lipsius 1614 ausgeschrieben wurde, folgt Ackermann 1546 selbständig, dann ein anonymes Strassburger Stück von 1550 und das lateinische Drama des Nennius 1594. Dass der echt tragische Stoff von Judas Ischariot (Holstein 145) nur allein von Naogeorg behandelt wurde, verdient wiederum ein Ausrufungszeichen. Dagegen sind die Märtyrer Stephanus (Holstein 145; über Neukirch vgl. Bolte ADB) und Paulus (Holstein 146; dazu Rüte und B. Crusius) beliebt. Die Apostelgeschichte (Holstein 146) benutzt auch Funkelin. Ueber das Drama vom verlornen Sohn: Scherer, Quellen und Forschungen XXI 50. Holstein, das Drama vom verlornen Sohn, Halle 1880; dazu Gödeke im Gött. Gel.-Anz. 1880, 655 ff. Bolte, Märkische Forschungen 18, 199 ff. Ueber ähnliche Stoffe handelt Spengler im Iglauer Programm 1886. In Neudrucken liegen die folgenden Stücke vor: das älteste, niederdeutsche Drama von B. Waldis aus dem Jahre 1527, hrsg. von Höfer, Greifswald 1851, und in diesen Neudrucken Nr. 30, Halle 1881; dazu Anz. f. d. Alt. VII 416. Ackermann: s. Holsteins Ausgabe, oben S. XVIII Hans Salat: hrsg. von Bächtold im Geschichtsfreund XXXVI. Hans Sachs: Keller XI 213 ff. und das Fastnachtsspiel in diesen Neudrucken Heft 26, Nr. 6; englische Comödianten bei Tittmann 45 ff.; Ayrer, Kellers Ausgabe 5, 3231 ff.; Puppenspiel bei Engel, Heft 3. Volksschauspiel: A. Hartmann, Volksschauspiele, Leipzig 1880, S. 264 ff. An das Drama vom verlornen Sohn schliessen sich die Schulspiegel und Knabenspiegel von Makropedius, Wickram, Hayneccius, Porta (ADB Holstein) und die Comödien vom Studentenleben (Vortrag von Erich Schmidt, Leipzig 1880) an. Von F. Spengler ist eine ausführliche und abschliessende Arbeit über diese ganze Gruppe soeben in Innsbruck 1888 erschienen.

Unter der Ueberschrift „Das allegorische Drama" handelt Holstein (160 ff.) von dem Everyman-Drama, in allem wesentlichen auf Gödekes verdienstvolle Monographie (Hannover 1865) gestützt. Vgl. A. Hagen in v. d. Hagens Germania X 56 ff.; Gödeke im Weimar. Jahrbuch IV 143. Der Stoff berührt sich mit der buddhistischen Parabel von Barlaam und Josaphat, über welche Braunfels (Halle 1884) in einer Dissertation gehandelt hat. Im Neudruck liegen ausser der englischen Moralität (bei Gödeke a. a. O.) nun auch der Homulus des Jaspar von Gennep vor, den Norrenberg (Viersem 1873) herausgegeben hat. Ueber den Hekastus des Makropedius handelt Jacoby ADB 20, 24. Die Artikel von Scherer über Diesthemius, Culmann, Bresnicer, Dedekind in der ADB sind zu beachten; über Heros vgl. Spenglers Iglauer Progr. 1887, S. 4; über Stricker Alt, Theater und Kirche S. 398 f., vgl. auch die Mitt. d. V. f. Lübeckische Geschichte und Altertumskunde 1885, 2. Heft. Reypchen (Gödeke a. a. O. 110 ff.; derselbe, Pamphilus Gengenbach 604) wäre von Holstein besser in diesem Zusammenhang gelassen worden; bei den griechischen Stoffen (Holstein 250) hat er nichts zu thun. Ueber den Typus des christlichen Ritters oder des miles christianus, welchen Holstein S. 164 f. berührt: H. Grimm über Dürers Ritter Tod und Teufel (Preussische Jahrbücher XXXVI 543; auch XXXIX über Dürers Satyros). Den Ausgangspunkt bildet, nach dem Briefe des Apostels Paulus, das enchiridion militis christiani des Erasmus. Ausser Bresnicer und Dedekind ist Laurimannus' 1565 miles christianus, Luther als „Eislebischer christlicher Ritter" in Rinckarts Drama zu beachten, besonders aber die bei Mone, Schauspiele des Mittelalters 411 ff. und danach bei Weller, Volkstheater der Schweiz S. 97 ff. verzeichneten Dramen.

Aber das allegorische Drama des XVI. Jahrhunderts besteht nicht blos aus dem Everyman-Drama. Um dasselbe bis auf seinen Ursprung zu verfolgen, müssten die Renaissancefeste mit ihren allegorischen und mythologischen Figuren und die oben (S. IV f.) erwähnten halbdramatischen Humanistenstücke von Locher und Celtis herangezogen werden. In Prasinus' lateinischem Philaemus (Spengler, Schmeltzl 73 ff.;

ADB Holstein) erscheinen Friede, Gottesdienst, Kunst und Wissenschaft als allegorische Figuren. 1546 Schüppers (lat.) Voluptatis et Virtutis pugna. Funkelin in seinem Lazarus (1550) lässt vor dem reichen Mann einen Wettstreit zwischen Venus und Pallas (Sinnlichkeit und Tugend) aufführen (dieses Zwischenspiel ist gedruckt bei Tittmann I 169 ff.) Dann Johannes Artopoeus (Scherer ADB): 1551 (lat.) Apotheosis Minervae. Gehört hierher auch Hypomone des Makropedius (1553)? 1576 dichtet zu Wien Franz Hildesheim (ADB Scherer) sein allegorisches Drama Comödia vita, Tragödia religio, welches erst 1602 gedruckt wurde. Jsaac Gilhusius (Progr. von Wilh. Gillhausen, Aachen 1865; ADB Scherer) schildert in seinem Drama Grammatica 1597 den Krieg der Redeteile unter einander, welche er, wie der Verfasser des fälschlich dem Johann Spangenberg zugeschriebenen Traktates (Bellum grammaticale, hrsg. von R. Schneider, Göttingen 1886), personificiert einführt. Neben Gilhusius wirkt an dem hessischen Hofe auch der Leibarzt Johannes Rhenanus, welcher die englische Moralität von Anthony Brewer „Lingua" ins Deutsche übersetzt, in welcher die Zunge mit den fünf anderen Sinnen um Gleichberechtigung streitet (s. Höpffner, Reformbestreb. 39 ff.; Creizenach, Studien zur Geschichte des Theaters im 17. Jahrh., Sitzungsberichte der sächsischen Gesellschaft der Wissenschaften 1886, I 104 f. Anm.). Im 17. Jahrh. setzen Hansdörffer, Stieler u. a. diese Richtung fort (s. Zs. f. d. Phil. XXI 251 f.). Auch Elias Herlicius (ADB Scherer), der Verfasser des Musicomastix, welcher den Vincentius Ladislaus des Herzogs von Braunschweig bearbeitet hat, benutzt wohl allegorische Figuren. Georg Ebhardt (ADB Scherer) zeigt in seinem halb allegorischen, halb historischen Drama Ecclesia militans et triumphans den Uebergang von allegorischen Stoffen zu historischen.

In den allegorischen Dramen ist die Form des Prozesses ebenso beliebt wie im volkstümlichen Fastnachtsspiel. Das Buch Hiob in der Bibel bot ähnliche Motive dar. Das Erlösungswerk wurde, mit Benutzung einer Predigt des hl. Bernhard, als ein Prozess der vier Töchter Gottes dargestellt: Wahrheit und Gerechtigkeit streiten mit Barmherzigkeit und Frieden um Tod und Leben des gefallenen Menschen (s. Heinzel, Zs. f. d. Alt. XVII 143 ff. Scherer a. a. O. XXI 414;

XXIII 184; XXIV 389; XXV 128. E. Schröder, Anegenge QF 44, 55. Carl Raab, über vier allegorische Motive in der lat. und deutschen Literatur des Mittelalters, Progr. Leoben 1885, S. 9 f.): Wir finden die Form des Prozessstückes im XVI. Jahrh. bei Hans Sachs (wenig ausgeführt), Seb. Wild, Lucas Mai (Palm 99 f. Anz. V 146. ADB Scherer), Petrus Meckel (gedr. bei Tittmann I 247 ff. Gödeke, Every-man 107 f. ADB Scherer) und Arentse (s. oben S. XX). Auch diese Richtung finden wir im 17. Jahrh. in den Prozessstücken Christian Weises wieder.

Weltliche Stoffe kommen erst in zweiter Linie in Betracht. Aus den Volksbüchern nimmt neben Hans Sachs am liebsten Seb. Wild seine Stoffe: Octavianus, die 7 weisen Meister, Magellone. Der Stoff der Magellone wurde nach Veit Warbeck wiederholt dramatisirt (s. Holstein, Zs. f. d. Phil. XVIII 193 ff.): zuerst in demselben Wittenberger Kreise, aus welchem das Volksbuch selbst hervorgegangen ist, von einem anonymen Studenten 1539; dann von Hans Sachs 1555; endlich und am schlechtesten von Seb. Wild 1566. Die Aethiopika des Heliodor nach Zschorns Volksbuch hat Scholwin 1608, und lateinisch Brülovius (Chariclea 1614) dramatisirt. Aus der Novellen- und Schwankliteratur wird ausser von Hans Sachs noch von vielen andern geschöpft. Montanus benutzt den Boccaz. Die Griseldis wird von G. Mauritius (1582), dem eine ältere anonyme und die Bearbeitung des Hans Sachs vorliegen, und von Pondo 1590 behandelt. Die Schlesier Linck und Liebhold schöpfen aus den Gesta romanorum. Rollenhagens Amantes amentes enthalten Motive von Euryolus und Lukretia. Hayneccius behandelt lateinisch und deutsch das Märchen von Hans Pfriem (Bolte, Zs. f. d. Phil. XX 330 ff.). Die Fabel vom Vater und Sohn mit dem Esel (asinus vulgi) wird von Hans Sachs 1531, Greff 1537, Sebastian Wild 1566 in ganz verschiedenem Geiste behandelt (s. Gödeke in Benfeys Orient und Occident II 531 ff. und Schwänke aus dem XVI. Jahrh. S. 3. Hans Sachs: Keller IV 301. Greff: Scherer, deutsche Studien III 46 ff. Wilds Drama gedruckt bei Tittmann I 100 ff.). Aus dem Orient stammt auch das Märchen von dem sein Glück träumenden und wiederum verträumenden Bauer (Palm, Beiträge 75. 161. Anz. f. d. Alt. V 305. A. v.

Weilen, Shakespeares Vorspiel zu der Widerspänstigen Zähmung, Frankfurt a. M. 1884), welches Ludovicus Hollonius (ADB Scherer. Archiv f. Litgesch. X 576 f.) 1605 behandelt hat. Die Sage vom Grafen von Gleichen (Monographien von Tettau und Werneburg, Erfurt 1867 und 1873, S. A.) wird von Frischlin, Flayderus und Nicolaus Roth dramatisiert (A. v. Weilen in Cottas Zs. f. all. Gesch. u. s. w. 1885, Heft 6, 444 ff.). Die Weiber von Weinsperg hat Petrus Nichthonius (Bolte ADB) indirekt nach des Trithemins Chronicon Hirsaugiense dramatisiert.

Antike Sage wird nach Vergils Aeneide von Frischlin, Hospeinius, Gotthart, Chnustinus, Cober behandelt (s. die von Suringar 1880 herausgegebene niederländische Dido). Die Pandorasage wird von Culmann, die Andromeda von Brülovius dramatisiert. Pyramus und Thisbe hat sich in einem Drama von 1581 handschriftlich (Berlin) erhalten; als Episode kommt die Sage in Gilhusius' Grammatica vor; nach Gabriel Rollenhagens Tageweise hat sie Samuel Israel dramatisiert (Genée 254 ff. Gaedertz, Rollenhagen 97 ff. 123 f.). Omichius behandelt Damon und Pythias. Den Aufruhr der Weiber nach Gellius behandeln Forchem und Culmann, Jac. Micyllus (Scherer, Elsass² 310) den Apelles Aegyptius.

Stoffe aus der alten Geschichte begegnen zuerst bei Hans Sachs und in der Schweiz: Bullingers Lucretia; Gotthart Horatier und Curatier; Murers Scipio Africanus. Petrus Andreä (ADB Scherer) schreibt 1600 in Pommern mit persönlicher Beziehung, zum Preise eines im Kriege erprobten Junkers, seinen Horatius Cocles. Johann Bertesius (ADB Scherer), ein Thüringer, dichtet drei antike Dramen: Alexander, Regulus, Hannibal. Brülovius' Cäsar geht der Aufführung des Shakespeare'schen Stückes durch die englischen Comödianten voran. Aus Josephus Flavius, einem im XVI. Jahrh. oft übersetzten und vielgelesenen Historiker, entlehnen Hans Sachs (Keller XI 132), Swalbaccius und Jacobi Dramenstoffe: des letzteren Mariamne 1618 geht auf den Antipater von Swalbaccius 1617 zurück (Reinhardstöttner, zur Literaturgeschichte S. 40 ff. handelt über die Mariamnedramen, aber erst seit dem 17. Jahrh.).

Unter den Stoffen aus der neueren Geschichte lagen dem XVI. Jahrh. die Reformationsgeschichte und die Türkenstücke am nächsten. Den Vorläufer Luthers, Huss. hat Johann Agricola 1537 dramatisiert (Kawerau, Agricola 127 ff. Genée 149. Archiv X 6 ff.). Bald tritt Luther selbst im Drama auf: 1580 Frischlins (lat.) Phasma (Gottsched I 98. 230. II 245 f.); 1592 der Calvinische Postreuter, Streit zwischen Luthertum und Calvinismus mehr in Form einer Disputation als eines Drama; 1593 Rivander (Genée 209 ff.; Gottsched I 138. II 237 ff.); 1600 (1601², 1624³) A. Hartmann (ADB Scherer). Zur Säcularfeier der Reformation erscheint dann eine ganze Reihe von Dramen: 1617 Hirtzwigius (ADB); Kielmann (ADB), welcher von Naogeorg, Chrysäus und Hildesheim beeinflusst ist; und Martin Rinckarts drei Reformationsstücke, von denen der Eislebische christliche Ritter (in diesen Neudrucken als Nr. 53 von Carl Müller herausgegeben) und der Indulgentiarius confusus (Neudruck von Rembe, Eisleben 1885) nunmehr in Neudrucken vorliegen. Endlich 1624 Joh. Blocius (ADB Scherer) mit seiner Eusebia Magdeburgensis zur 100 jährigen Einführung der Reformation in Magdeburg.

Den Ausgangspunkt der Türkenspiele bilden Celtis' Halbdramen, welche mit Huttens ‚Vermahnung' zusammengehalten werden müssen. Der Dramatiker Chnustinus hat ein „Büchlein über den Abgott Mahomet" geschrieben, um etwaige Gefangene vor dem Abfall zum Mohammedanismus zu bewahren. Dramen: 1541 Greff, Vermahnung wider den Türkischen Tyrannen; 1560 Linck, de praeparatione ad bellum turcicum; am besten Tobias Cober, Sol sive Marcus Curtius (1595), bekannt in deutscher Bearbeitung unter dem Titel Idea militis vere christiani 1607 (ADB Scherer); 1595 Pantzers Tragödie von den 13 türkischen Fürsten (ADB Holstein). Werden im 17. Jahrh. zahlreicher fortgesetzt.

Andere historische Stoffe sind vor dem Auftreten der englischen Comödianten nicht häufig, obwohl Hans Sachs ausser der Geschichte des treuen Dieners Bancban noch manches andere über seinen dramatischen Leisten geschlagen hat. Der sächsische Prinzenraub wurde von Nicolaus Roth (hrsg. von Stübel in den Mitt. d. deutschen Gesellschaft in Leipzig zur Erforschung vaterländischer Sprache und Altertümer VII 31 ff., wo auch weitere Literatur über den Stoff) und lateinisch in Cramers Plagium 1593 behandelt; das letztere wurde wiederholt ins Deutsche übersetzt. Conradin von

Schwaben wurde von Christoph Beyer 1585 dramatisiert (Archiv f. Litgesch. XIV 217). Der Zwist zwischen Rudolf und Ottokar bildet das Thema eines lateinischen Drama von Calaminus (1594). Graf Wilhelm von Aquitanien, der Gegner Innocenz' des Zweiten, fand 1596 an dem Schulmeister Wilhelmi seinen Dichter (Wagners Archiv 80 ff.). Hildebrant dramatisiert 1598 den Sieg Rudolfs über den falschen Friedrich; Rhodius 1615 lateinisch die Bluthochzeit.

Aus dieser Zusammenstellung ergiebt sich, dass die weltlichen Stoffe und besonders die historischen am Ende des XVI. Jahrhunderts mehr hervortreten, begünstigt offenbar durch den Einfluss der englischen Comödianten, welche ihrerseits wieder in ihren Bittgesuchen an die Magistrate biblische Dramen zur Empfehlung vorschieben und sicher die weltlichen Dramen mehr bevorzugten, als aus den Ratsprotokollen zu erkennen ist.

Das hier im Neudruck folgende Stück ist bis in die jüngste Zeit den Literarhistorikern und Bibliographen ganz unbekannt geblieben. Gleichwohl hatten die Historiker, welche sich mit der Geschichte Tirols beschäftigten, wiederholt auf dasselbe aufmerksam gemacht: J. Jung in seinem Schriftchen „Zur Geschichte der Gegenreformation in Tirol" (Innsbruck 1874) giebt S. 25 ff. eine ausführliche Inhaltsangabe und Hirn in seiner stattlichen Monographie über den „Erzherzog Ferdinand II. von Tirol" (Innsbruck 1887) bespricht unser Drama im ersten Bande S. 366 ff. Mir war dasselbe seit längerer Zeit aus einem Artikel der Grenzboten (1861 I Nr. 6 S. 218 ff. „ein Habsburger als Schauspieldichter") bekannt, als ich im Sommer 1887 in akademischen Vorlesungen diesen und anderen tirolischen Dramen ihre literaturgeschichtliche Stellung anzuweisen suchte. Seitdem ist mir der kundige Bolte mit seinen „Beiträgen" im 32. Bande der Zeitschrift für deutsches Altertum S. 12 ff. zuvorgekommen.

Speculum humanæ vitæ ist das Werk eines erlauchten Verfassers. Es rührt vom Erzherzog Ferdinand II. her (1529 bis 1594), dem Urenkel Kaiser Maximilians, dem Neffen Kaiser Karls V., dem Sohne des Königs Ferdinand; welcher zuerst als Statthalter in Böhmen (1547–1566), dann nach dem Tode

seines Vaters als Erbe und Landesherr von Tirol eine nicht
blos dem Heile der katholischen Kirche, sondern auch dem
Wohle der Länder selbst gewidmete Thätigkeit entfaltet hat.
Als Begründer der Ambraser Sammlung und als Gemahl der
Philippine Welser ist er noch heute eine populäre historische
Persönlichkeit. Sein Drama ist, wie das Titelblatt sagt, 1584
erschienen, aber wohl früher abgefasst. Der Anonymus der
Grenzboten will nach einer Anspielung auf das Jahr der
Teuerung (Neudr. S. 24) 1564 als Entstehungszeit fixieren.
Aber damals war Erzherzog Ferdinand noch Statthalter von
Böhmen, während Druck und Vorrede die Entstehung seines
Drama nach Tirol verweisen. Auch in Tirol indessen machten
dem Regenten die Notjahre von 1568 bis in die Mitte der
70er Jahre viele Sorge (Hirn I 431 ff.). Da uns Jesuitenaufführungen erst seit den 70er Jahren in Tirol bezeugt sind,
werden wir gut thun, das Stück eher an das Ende der 70er
Jahre oder gar in den Beginn der 80er Jahre als in eine
frühere Periode zu verlegen.

Der Titel weist unser Stück in die Gruppe derjenigen
Dramen, welche nach dem vielcitierten Satze des antiken
Komikers dazu bestimmt waren, das menschliche Leben
überhaupt oder auch nur eine Seite desselben in einer
„schönen" oder „feinen" Comödie abzuspiegeln. So betrachtet
J. Sturm in seiner Plautusausgabe von 1566 das Schauspiel
als Spiegel des menschlichen Lebens. So führt noch früher
der Homulus der Wiener Handschrift 9935[1]) vom Jahre 1553
den Zusatz auf dem Titel: „Ein schon spill, in welchem
Menschlichen Lebens Unsicherheit Vnnd der Welt Vn-
treu erzaigt wird" und Hollonius' Somnium vitæ humanæ
1607 ist gleichfalls ein Spiegel des menschlichen Lebens.
So führt der Pfarrer Gall 1666 in Möskirch eine Comödie
vita humana auf (Zs. XXXII 7). So schildert 1590 B. Ring-
wald im Speculum mundi die Aufeindung des Prediger-
standes in der Welt; so führen uns Knabenspiegel und
Schulspiegel und Ehespiegel von verschiedenen Ver-
fassern das Leben der Knaben in der Schule und das ehe-

---

[1]) S. Schlager, Wiener Skizzen N. F. 1839, S. 214 f. 299 ff.
Es ist der in v. d. Hagens Museum I 566 erwähnte Codex
olim. philol. 251 „Anonymi comoedia de humanae vitae in-
constantia".

liche Leben vor; Ayrer benennt seine Phönizia als „Spiegel weiblicher Ehr und Zucht". Der Leibarzt des Landgrafen Moriz von Hessen wählt für seine Bearbeitung einer englischen Moralität den Titel Speculum aistheticum. Umgekehrt gewöhnt man sich auch wieder Bilder aus dem geschichtlichen und sozialen Leben der Zeit als Theater zu bezeichnen: vgl. z. B. aus dem XVI. Jahrh. eines pseudonymen Lycosthenis C. theatrum vitae humanae, omnia fere eorum quae in hominem cadere possunt bonorum atque malorum exempla (opera et stud. Th. Zwingeri, Basil. 1565); im XVII. Jahrh. ist dann der Titel „Theater der Weltbegebenheiten" u. dgl. etwas gewöhnliches, wie auch der Hinweis auf das Schauspiel im Schauspiel durch die Berufscomödianten typisch wird.

Der Titel Speculum weist aber noch weiter auf kirchlichen Ursprung zurück: auf die berühmten Specula des Vincentius Bellovacensis, welche im XVI. Jahrh. oft gedruckt und noch im XVII. Jahrh. von Aegidius Albertinus u. a. nachgebildet wurden. Unter die zahlreichen Nachahmungen aus früherer Zeit gehört auch das Speculum humanae vitae des Bischofs Rodriguez von Zamora (Rodericus Zamorensis), welches zuerst im Jahre 1468 in Rom erschien und seit dem Jahre 1488 wiederholt in deutscher Sprache gedruckt wurde.[1]) Darin werden die verschiedenen Stände und Lebenslagen und Berufsklassen in der Weise vorgeführt, dass von jedem zuerst die Vorteile (commoda), dann die Nachteile (incommoda) verzeichnet werden; derselben Vorstellung hat sich auch Grimmelshausen im „satyrischen Pilgram" bedient. Auch die Vor- und Nachteile des ehelichen Standes werden hierbei gerecht erwogen, ein Thema, welches aus der katholischen Literatur bald auch in die volkstümliche drang; schon in Wittenweilers Ring wird die Ehefrage aufgeworfen. Petrarca's Schrift vom glücklichen und unglücklichen Leben gab weitere Anregung. In Wyle's Translatzen wird nach Poggio die Frage der Wiederverehelichung eines älteren Mannes erwogen. Albrecht von Eyb im Ehestandsbüchlein (1472) wirft die Frage wiederum allgemein auf: „ob einem manne sey zu nemen ein elich Weib

---

[1]) Mir stehen Drucke von 1656 Paris und 1613 zu Gebote, beide lateinisch, der letztere von M. Goldast zu Hannover herausgegeben.

oder nit," und in die Grisardis, welche ihm Ph. Strauch zusprechen will (Zs. f. d. Alt. XXIX 379 fl.), ist ein Gespräch eingelegt, in welchem genau so wie in unserem Drama die Heiratsfrage im Gespräch zwischen dem Helden und einem erfahrenen Meister Marcus erörtert wird. Aus dem Jahre 1522 stammt Luthers Schrift vom ehelichen Leben. Mit satirischer Spitze gegen die Schwächen der Frauen finden wir das Motiv in der Schwankliteratur wieder. Shakespeare's Portia (im „Kaufmann") hechelt die Freier, welche auf ihrer Liste stehen, ebenso unbarmherzig durch, wie die Ratgeber des Jünglings in unserm Drama die Heiratscandidatinnen. Und wie Benedict in „Viel Lärm um nichts" die Vorzüge aller Frauen aufzählt, nur um diejenige, welche sie alle besitzt, erst recht nicht zu nehmen, so geht auch Scandor in Ziegler's Asiatischer Banise alle Kategorien von Frauen durch, um schliesslich keine zu wählen (s. Kürschners Nationalliteratur Bd. 37, 172 ff. — Bobertag, Roman II 167). Im XVII. Jahrhundert finden wir die Heiratsfrage bei Aegidius Albertinus (Don Gusmann 250 ff. 446 f.; Trautmann, Münchener Jahrbuch 1888 II 31 f., wo weitere Literatur S. 74). Im XVIII. Jahrhundert in den moralischen Wochenschriften (Jacoby, die Hamburger Wochenschriften 24. 25 f.), später auch in anderen Zeitschriften (z. B. Neue Erweiterungen der Erkenntnis und des Vergnügens, Leipzig 1758, 59. Stück: „die Ehre des ledigen Standes, von dem Heyrathen"; 1759, 65. Stück: „über Heirathen junger Geistlicher"). Später hat B. Haug die Vorzüge des ehelichen Lebens und die verschiedenen Gattungen von Frauen in einer Reihe von moralischen Gedichten besungen. Seit 1774 ist Hippels Buch über die Ehe, welches bei seinem anonymen Erscheinen Lichtenberg zugeschrieben wurde, wiederholt aufgelegt worden.

Unser Drama führt uns im ersten und letzten der neun Acte einen Jüngling vor, welcher, nachdem er den Tag über einen weiten Weg gereist ist, während der Fütterung der Pferde sich in Gedanken ergeht und seine Berater über die Art und Weise befragt, wie er sein zukünftiges Leben einrichten soll. Der Hofmeister, der Stallmeister, der Secretari und der Hausmeister reden als charakteristische Vertreter nach einander dem Hofleben, dem Kriegsleben, dem Reiseleben und der Ehe das Wort. Dann erscheint, aus himm-

lischer Eingebung, ein Einsiedel, welcher das Leben kennen
und entbehren gelernt hat, und giebt von höherem, un-
interessiertem Standpunkt aus ein Urteil über die verschiedenen
Stände ab, welches im Tone der Predigt mit einer Lob-
preisung des ehelichen Lebens als dem zur Uebung der göttlichen Werke der Barmherzigkeit geschicktesten abschliesst.
In dem correspondierenden letzten Actus bekehrt sich der
Jüngling dann zu der Lehre des Einsiedels vom ehelichen
Leben. Er befragt wiederum seine Räte über die Wahl der
Frau und wiederum charakterisieren sich diese selber durch
ihre Antwort: der Hofmeister redet der reichen, der Stall-
meister der zu bezwingenden hochmütigen, der Secretär der
schönen, der Hausmeister der armen und sanften das Wort.
Der Jüngling wählt die letztere.

Die hülflose Form des Drama, welche uns in diesem
Eingange und Abschlusse vor Augen liegt, hat sich im Laufe
des 15. u. 16. Jahrhunderts am Oberrhein aus der Satire auf
alle Stände herausgebildet. Eine Reihe von Ständen, Lebens-
altern oder Typen werden um einen Mittelpunkt gruppiert;
oft ist es wie in unserm Eingange ein Einsiedler, welcher,
im Mittelpunkte stehend, den Figuren, die sich um ihn herum-
bewegen, seinen Rat oder seine Belehrung erteilt. In Tirol
finden wir dieselbe Form z. B. in den Sterzinger Fastnachts-
spielen (Wiener Neudrucke, Heft 9 Nr. V S. 65 ff.), wo der
Richter 7 Juristen in Betreff der Ehe eines bäuerischen
iuvenis der Reihe nach befragt. Dass ähnliche Motive und
ähnliche Technik in den Jesuitenspielen fortlebten, beweist
ein Münchener Scenar (Zs. XXIX 85 ff.), welches zugleich noch
im XVII. Jahrh. die Nachwirkung von der ältesten bekannten
Dichtung dieser Art, „des Teufels Netz", verrät. Das steife,
schematische der Einkleidung ist in unserem Stücke noch
ganz erhalten. Auf einen kurzen Monolog des Jünglings, der
als Prolog gelten kann und die Situation nur undeutlich erkennen lässt, folgt der Dialog des Jünglings mit den Räten,
blos aus Frage und Antwort bestehend, worauf sich der Jüngling immer wieder zu dem nächsten wendet; nur der Abschluss
des ganzen Dialoges wird durch die Doppelrede des bedenk-
lichen Hausmeisters markiert. Ganz in derselben Reihenfolge
wie im Eingange geben sie dann am Schlusse wieder ihr
Urteil über die vorgeschlagenen Parthien ab, wobei jeder

auch die Frauen wieder ganz in derselben Reihenfolge aufführt, in welcher der Herr sie genannt hat. Die Zwischenfrage des Jünglings, der sich auch hier von dem einen zum andern mit der stereotypen Frage wendet: „was mainst du?", fehlt nur ein einziges Mal; ein zweites Mal, wo das Gespräch lebhafter wird, wendet sich der Stallmeister direkt gegen den Hofmeister. Lebhafter ist schon des Jünglings Gespräch mit dem Einsiedel. Zwar auch hier wird die Rede des Einsiedels immer nur durch Zwischenreden des Jünglings unterbrochen und die Reden beider heben immer mit dem einförmigen „Lieber Vater", „Lieber Sohn" an. Aber doch auch wiederum die neugierige Zwischenfrage des Jünglings „ob er denn das selbst erfahren habe?", oder ein ungezwungener Uebergang von dem einen Thema zu dem andern, indem sich der Jüngling der Rede des Secretärs oder des Hausmeisters erinnert: „Ich muss gleich lachen, so ich daran gedenke, wie mein freidiger Secretari den Krieg ausgeführet hat". Damit wird das Schema durchbrochen und die Frageform geht auf den Einsiedel über: „Was hat dir denn der Secretari gutes gerathen?" „Hat dir denn dein Hausmeister einen so guten Rath geben?". Der Schluss der Unterredung läuft dann wieder ganz in eine Predigt aus, in welcher der Ehestand als die beste Gelegenheit zur Uebung der Werke der Barmherzigkeit geschildert wird, die wiederum in der Reihenfolge des Katechismus aufgezählt und mit den 7 Todsünden contrastiert werden. Nur die reuige Selbstanklage oder geängstigte Ausrufe des Jünglings unterbrechen diesen Sermon.

In anderer, aber ähnlicher Weise ist auch der Inhalt des zweiten bis achten Actes schematisch. Er dient zur Illustration der letzten Rede des Einsiedlers: in sieben lebenden Bildern von fastnachtsspielartigem Charakter wird je ein Werk der göttlichen Barmherzigkeit mit der entsprechenden Todsünde contrastiert, in der Weise, dass die Tugend in dem Manne, das Laster dagegen in dem Weibe oder dem Nachbarn oder dem Knecht etc. repräsentiert erscheint. Auch hier wird das starre Schema einige Male durch freiere Bewegung unterbrochen: der Zorn fehlt in Actus VIII so gut wie in der Rede des Einsiedels; in Actus III werden zwei Todsünden aufgeführt, wogegen in Actus VI die entsprechende Sünde

XLI

fehlt; in Actus VII finden wir zwei Werke der Barmherzigkeit in aufeinanderfolgenden Bildern vereint. Die Contrastierung ist oft eine lose und zufällige und würde ohne die den einzelnen Bildern vorausgeschickte Inhaltsangabe kaum deutlich werden. Die Bilder selbst werden immer kürzer und skizzenhafter: die letzten sind fast nur mehr Tableaux, bei welchen die Worte des Textes neben dem Bilde verschwinden. Das ganze macht auf uns den Eindruck eines Schauspiels im Schauspiel, wie es ja auch gelegentlich im Lazarusdrama des XVI. Jahrhunderts vorkommt. Auch die Anspielung auf die Comödie in der Comödie verdient Beachtung. Offenbar hat der Dichter diesem Teile eine symbolische Bedeutung beigemessen: der Jüngling soll das von dem Einsiedel gepredigte vor Augen gesehen und erfahren haben und tritt überzeugt von dem guten Rate des Einsiedels zuletzt wieder hervor. Am nächsten kommt unserem Stücke in dieser Hinsicht das Münchener Spiel vom Jahre 1510, in welchem der Tod des gerechten und sündhaften Menschen, das Fegefeuer u. s. w. als „Figur und Ebenbild" von einem Doktor dem fleissigen Kaufmann vorgeführt werden; diese beiden Zuschauer bilden, wie hier der Jüngling mit seinem Gefolge und dem Einsiedel, den Rahmen des Stückes (A. Hartmann, Volksschauspiele 1880 S. 411 ff.; Trautmann, Münchener Jahrbuch I 196 ff. 270).

Wenn hier wiederum satirische Bilder aus dem Leben an die Katechismuslehre von den guten Werken und den 7 Todsünden angeschlossen werden, so muss an die katholische Satire des 17. Jahrhunderts erinnert werden, wie sie Aegidius Albertinus in „Lucifers Seelengejaid" darstellt. Aber dieser mittlere Teil unseres Drama hat in seiner dramatischen Form einen ganz anderen Charakter als der Eingang und der Schluss. Er erinnert an das Fastnachtsspiel: sogleich im ersten Bilde (Actus II) eine Scene auf offenem Markte, in welcher Mann und Frau sich herumzanken; faule und gefrässige Knechte, selbst Narrentypen kommen vor. Er erinnert aber andererseits auch an die Mysterienbühne des Mittelalters, welche in einzelnen Bildern deutlich vorausgesetzt wird. Der Actus II z. B. beginnt mit einer Marktscene, in welcher sich die hoffärtige Frau ihrem liebreichen Gemahl,

der die Armen zu speisen im Begriffe ist, zu widersetzen
sucht; dann erscheint die hoffärtige Frau selbst in Reue und
Verzweiflung auf dem Totenbette, auf dem sie unter dem
Gesang der Engel die letzte Oelung empfängt und stirbt;
endlich sehen wir in einem dritten Bilde ihre Seele im Fegefeuer, zu Gott um Erlösung flehend, ein Engel tröstet sie
und verspricht ihr baldige Erlösung. Im folgenden (III.)
Actus wird der geizige Kaufmann von dem mildthätigen
Herrn in den Brunnen hinuntergelassen, wo er sein ver-
stecktes Geldfass nicht findet; er verschreibt sich dem Teufel.
der ihm zu seinem Gelde wieder verhelfen soll: der Teufel
nimmt ihn beim Worte, erscheint selbst und führt ihn mit
sich fort. Im Actus VI kommen die Sani (= Zanni, Hanswurst) vor die Thür der Frau und rufen hinauf um allerlei
Confect; als dann der Herr, trauernd um den verstorbenen
Nachbar, zurückkehrt und sich vor die Thür setzt, steigt sie
zu ihm herab und setzt sich tröstend zu ihm. In einem
Tableau ohne Worte wird dann die Seele des seligverstorbenen
Nachbarn durch einen Engel hinauf vor die Dreifaltigkeit ge-
leitet, wo sie die Engelschaaren mit Lobgesängen empfangen.
Endlich in dem gebetartigen Actus VIII betet zuerst einer
der Actores zu Gott, dann zur lieben Frau, dann wendet sich
Marie selbst zu Gott und zu Christus; die hl. Dreifaltigkeit
erteilt durch den Mund des Sohnes erst an Maria, dann an
die ganze Christenheit Erhörung versprechende Antwort.
Die höchsten himmlischen Personen werden wie der Teufel
in die Handlung verflochten.

Nach dem Gesagten kann kein Zweifel sein, dass vieles
in dem Drama des erlauchten Verfassers auf literarischer
Tradition beruht. Und nicht blos in der Einkleidung des
Ganzen, auch in einzelnen Zügen lässt sich diese verfolgen.
Die karrikierte Figur des geizigen Kaufmannes in Actus III
erinnert an Dasypodius und die schweizerische Bearbeitung
des Aristophanischen Plutus; die in Actus I von dem Hofmeister verunglimpften Eisenbeisser tragen die Züge des
miles gloriosus an sich; über die Schreiber findet man
ähnliches im 47. Kapitel des Don Guzman von Alfarache;
die satirischen Modebilder finden in der reichen Teufelsliteratur des 16. Jahrhunderts und noch mehr in der Satire

des 17. Jahrhunderts ihr Seitenstück. Aber neben den typischen treten auffallend scharfe individuelle Züge hervor, wie sie meines Wissens sonst kein Drama des 16. Jahrh. bietet, wobei freilich mit dem Umstande zu rechnen ist, dass uns von den Persönlichkeiten und Verhältnissen der Dramatiker des 16. Jahrh. wenig so genau bekannt sind als die unseres Verfassers. Wenn wir ihn gegen die Spieler, Zechbrüder und Buhler eifern hören, erinnern wir uns, dass auch ihm selbst nicht ohne Grund der Vorwurf eines lockeren und leichten Lebens gemacht wurde; seine Freigebigkeit und Prachtliebe haben ihn schon in der Zeit der böhmischen Regentschaft in Schulden verstrickt. Gegen die Geizigen und Wucherer, denen er so scharf in seinem Drama zu Leibe rückt, erliess er während der Notjahre in Tirol strenge Verordnungen. Die Bestechlichkeit der Beamten, die Neider am Hofe konnte niemand besser aus eigener Erfahrung schildern als er, und über das Verhältnis des Herrn zum Unterthanen ist der Satz gewiss aus seinem eigenen Herzen geflossen: „Dann es ist ein fein Daig, wenn ein Herr seine Unterthanen und die Unterthanen ihren Herrn erkennen lernen." Vor allem aber kennt er das Kriegswesen: „militärisches," sagt er, „habe ich allezeit für meine rechte Profession gehalten." Trotz den Ausfällen auf die Roheit des Kriegslebens, das Protectionswesen, die soldatischen Prahlhänse u. dgl. ist die Schilderung des Kriegswesens von sichtlicher Vorliebe eingegeben. Es wird nicht blos satirisch behandelt, sondern es werden auch positive Ratschläge erteilt, und indem der Verfasser alle Chargen aufzählt und die ganze militärische Carrière vor dem Zuhörer erschliesst, macht seine Kritik des Kriegslebens weit eher den Eindruck einer Empfehlung als einer Verurteilung dieses Standes. Neben dem Hof- und Kriegsleben findet seltsamer Weise das Reiseleben, wie ein besonderer Stand, einen eigenen Verfechter: Erzherzog Ferdinand selber war von Reiselust erfüllt. Und wenn endlich der Gemahl der Philippine Welser den Preis des ehelichen Lebens verkündet, wenn er in der drastischen Weise der Zeit, aber mit frischen gesunden Zügen die Macht schildert, welche eine schöne Frau des Nachts über ihren Mann ausübt, wenn er die niedriger geborene sanfte Frau der hoffärtigen adligen vorziehen lässt etc., dann bedarf die Congruenz des Erlebten und Gedichteten keines Beweises mehr. Nur auf die abschliessende Scene der Brautwahl sei noch aufmerksam gemacht. Die Namen der Heiratscandidatinnen sind, mit Benutzung von tirolischen Ortsnamen, fingiert und die Gegensätze der Charaktere typisch behandelt, aber Ferdinand selber war zweimal der Gegenstand ernstüberlegter Heiratsprojekte: das eine Mal schützte er gegenüber den Candidatinnen, welche in Vorschlag gebracht wurden und unter denen sich auch Maria Stuart befand, eine Abneigung gegen die Ehe überhaupt vor, weil er bereits mit Philippine verheiratet war; nach deren Tode (1580) ging er das andere Mal noch in demselben Jahre freiwillig auf die Brautschau und führte nach verschiedenen Werbungen die jugendliche Prinzessin Anna Catharina von Mantua heim (Hirn II 313 ff. 450 ff.).

Der Gemahl der Philippine Welser wird auf diese Weise zum Lobredner des christlichen Ehestandes, welchen das lutherische Drama der Zeit in Stoffen aus dem alten und neuen Testament verherrlicht. Wie bei den lutherischen Dramatikern wird der christliche, biblische Charakter der Ehe besonders betont: der Ehestand ist von Gott eingesetzt und der Einsiedel beruft sich in seiner Predigt ausdrücklich auf die Bibelstellen, welche den Ehestand empfehlen und die er nur der Kürze der Zeit wegen anzuführen unterlässt. Es ist wohl möglich, dass diese Uebereinstimmung nicht unwillkürlich, sondern beabsichtigt ist: dass, wie sich die Jesuiten so oft der Mittel des Humanismus und der Reformation zur Gegenreformation bedienen, hier ein beabsichtigter Versuch vorliegt, die christliche Ehe vom katholischen Standpunkte aus zu glorificieren (auch den Rebekkastoff haben sich die Jesuiten zu diesem Zweck zu eigen gemacht; Zeidler, Progr. Oberhollabrunn 1888 S. 36). Auch sonst lässt sich das Stück wiederholt wie eine Contrafactur zu dem protestantischen Drama der Zeit an: man vergleiche in Actus II und VI den Tod des reuigen Sünders und des Gerechten mit Naogeorgs Mercator und den Dramen der Every-man-Gruppe; dort giebt der Glaube, hier geben die katholischen Sacramente dem Sünder das Geleit ins Jenseits. Geflissentlich und tendenziös scheint ferner das Anknüpfen der Bilder an die von den

Lutheranern angefeindete Lehre von den Werken der göttlichen Barmherzigkeit. Geflissentlich ist letztlich die sichtbare Vergegenwärtigung der armen Seele im Fegefeuer und die Einführung der Jungfrau Maria als Fürbitterin. Es bedurfte gar nicht der wiederholten namentlichen Betonung der heiligen katholischen Wahrheit und der heiligen katholischen Kirche, um uns den Standpunkt des Verfassers kenntlich zu machen.

Erscheint das vorliegende Drama aus allen diesen Gesichtspunkten inhaltlich nicht blos von seiner persönlichen Seite, sondern auch durch seine literaturgeschichtliche Stellung interessant, so verdient es auch von der formellen Seite in mancher Hinsicht Beachtung. Es ist das erste Drama in deutscher Prosa, welches bisher aus dem XVI. Jahrh. vor dem Auftreten der englischen Comödianten bekannt geworden ist. Auch hierin erscheint der Verfasser als Vorläufer seines erlauchten Standesgenossen, des Herzogs Heinrich Julius von Braunschweig. Die Sprache ist volkstümlicher Weise mit sprichwörtlichen und fabelartigen Elementen durchsetzt und bietet auch durch die lautliche Form und den lexikalischen Gehalt manches Interessante.

Erzherzog Ferdinand steht in Tirol nicht vereinzelt da, er fand schon Boden für das Drama als er hinkam (Anz. f. d. Alt. 7, 415). Schon als Knabe konnte er dramatischen Aufführungen in Innsbruck beigewohnt haben: 1540 spielten Bürger und Inwohner von Innsbruck einen „Josef in Egypten" und 1542 einen „David und Goliath"; dass die Hofhaltung der Mutter Ferdinands, der Königin Anna mit ihren Kindern, diesen Belustigungen nicht fern blieb, ergiebt der Umstand, dass den „Comödipersonen" eine Verehrung verabreicht wurde. Zu Pfingsten 1548 wurde ein Job vor den „Erzherzoginnen" d. h. den Schwestern Ferdinands gegeben, und in den folgenden Jahren fanden wiederholt Vorstellungen „vor der gnädigsten Frau" statt, unter welcher wohl auch eine der Schwestern Ferdinands verstanden ist; 1549 am Drei Königstage wird ein unbekanntes Spiel aufgeführt; 1550 (Gengenbachs?) Spiel von den 10 Altern, ein Werk jener älteren Richtung der oberrheinischen Dramatik, an welche uns Speculum humanae vitae wiederholt erinnert hat. Neben den „Spielleuten" in Ambras führen der lateinische Präzeptor Andrea Pangelio und der „Poet" Peter Kirchpüchler zu Fastnacht bei Hofe mit ihren Knaben Comödien auf. An dem glänzenden Hofe Ferdinands II. fand dann das Drama ausgiebige Pflege. Sein Trabant Benedict Edelpöck widmet ihm 1568 seine Comödie von der freudenreichen Geburt Christi (hrsg. von Weinhold, Weihnachtsspiele und Lieder aus Süddeutschland und Schlesien, Wien 1875, S. 187 ff.), wie gleichzeitig auch seinem Bruder Maximilian (Zs. f. d. Alt. XXXII 15). Zehn Jahre später widmet Georg Lutz seine „schöne Tragedi von sechs streitbaren Kempffern zu Rom" gleichfalls dem Erzherzog Ferdinand als seinem gnädigsten Herrn, aber sein Stück, das bereits 1568 in Wien aufgeführt worden war (s. Schlager, Wiener Skizzen, N. F. 1839 S. 212, abgedruckt a. a. O. 409 ff.), ist ein Plagiat nach Hans Sachs (Nürnberg 1570 II 3, 1 ff. = Keller VIII), dessen Namen der Abschreiber einfach bei Seite schafft.[1])

---

[1]) Aehnlich hat der Nördlinger Schulmeister Zihler eine Reihe von Stücken des Hans Sachs abgeschrieben (s. oben S. XXIII). — Die Abweichungen der von Lutz dem Erzherzog gewidmeten Abschrift sind noch geringer, als es nach dem Druck bei Schlager, der von Fehlern entstellt ist, scheinen können. Ich verbessere nur solche Fehler, die den Sinn oder Vers stören: 411, 9 brhümbt 18 bebh 22 ohn. 413, 8 geben folbt. 25 fo werden fie all fein guttwillig. 414, 16 Etwan auf 18 Erlengern biß 415, 6 nach dem befchib. 17 than 20 gnommn 28 Der fem bei den 416, 7 f. Verein: fein 10 nicht wer verpfenbt, 11 f. allein: fein. 16 Hend. 21 offnem 417, 1 ghorfam 7 iren 12 fein 22 Vertruz 27 meinn 418, 3 barnach fein 24 fein 25 annbern 26 Schwertfchleg 27 machen lan 419, 1 Jn dem 2 Vollmechting 5 auff welchen Tag er gefchehen fol. 10 kommet 420, 26 hab je nicht 421, 2 all 6 zu gmeinem Nutz fo fezt gewert 10 gewapnet 13 biffem 14 gehn (gehnt H. Sachs) 18 tracz; vgl. 434, 30. 24 vnfer 26 rück. 422, 12 bilfflich fein. 14 mir ift fam fprung ich 26 je 27 gmeinen furgeftellt 423, 1 fein 5 Kampff das beft werb than 12. fchuz 13 helfft 14 Auff 17 afegen 29 allefander 424, 6 gwinnen 7 tratwren 10 geb 14 Sam jeder theil. 21 Es muß nur keclich fein gewagt. 425, 1 treffen fie par unb par 426, 27 fleucht er je nicht gern. 428, 4 königliche 20 Trew 429, 2 Groß Ehre eingeleget hat. (429, 4 von Schlager aus Hans Sachs eingefügt.) 12 Angficht· 13 bein 15 Geift von 25 Feinte tratz 26 die Überwundnen befchemen 430, 1 Jouis 2 Exempel 4 höher benn ir 10 Berunnen in feim

XLVII

Dazu kommen in Tirol frühzeitig die Schulcomödien der Jesuiten (Hirn I 231), für welche sich Ferdinand schon in Böhmen interessierte. 1573 wird von ihnen in Hall eine Enthauptung des Johannes aufgeführt. In Innsbruck beschenkt Ferdinand 1576 die Studierenden für eine Aufführung des Spieles von der hl. Katharina mit reichen Stipendien; die Aufführung wird im folgenden Jahre wiederholt. 1580 wird der Dillinger Jesuit Jacob Pontanus, der Verfasser einer bekannten Poetik, zur Inscenierung nach Innsbruck berufen. Es ist von Interesse zu erfahren, dass die Aufführung der hl. Katharina mit einem Personale von 200 Personen vor sich

Blute robt 28 in ihrem Blute 431, 13 beschem 432, 12 O retio O Morttio 21 das bu erwürgst die gschweßen mein 24 Für königliche Mayeſtat 433, 6 königlicher 12 Hie tragt 434, 1 Zoren 2 vmb Unschult 4 evgner 5 Gschweyen 6 gehört 10 Als ein 26 nachdem vnd 435, 19 Die ich Rom hab zu gut gethan 436, 1 unuerurtheilt 4 ſag 437, 23 ergeben. 438, 6 Sonnber nachgen dem ſtrengen Gſecz 20 wir inn frey 439, 18 annom 26 Gſchlecht 440, 1 Herczenlieber 9 f. Trew: new 14 ghorſamb 21 Drumb 23 vnd beſchleuſt: 25 ſenbt 31 begeben, 441, 4 Niemanb 5 den 10 Als alles 13 verlöhnen 14 großem 17 Eim 24 verſpott 30 Het Lieb zum Batterland (ein Endt ist dem Abschreiber in der Feder stecken geblieben) 442, 7 ir Lob nem an.

Es ergeben sich demnach folgende bedeutenderen Varianten von Hans Sachs: 412, 5 man auch ihr zween 7 hören vnde ſehen, 13 rathet 21 zurienen (Lutz verbessert den Druckfehler). 22 ſoll 413, 2 freye 7 nemm 13 und 14 folgen bei Hans Sachs in umgekehrter Folge aufeinander; 14 auff alle Bürger 414, 1 f. wern: ehrn. 4 königlich 26 wort: ort 415, 23 Was nußt des 416, 13 ſollichs 417, 15 Ratſchlagen hie mit 16 weng 19 rath (= rathet) 20 frieden 28 biefe 418, 24 Die Stadt ſoll darnach Herre ſein 419, 17 königklicher 421, 7 Es geh gleich 422, 17 herßenliebe 423, 19 f. ſparn: erfarn 424, 10 barauff hab bir mein trew zu pfand. 427, 17 verlaſſn 428, 17 ſchicfn 429, 3 biefe 431, 15 ſinnen 432, 9 Das were bie 25 Daß ſie nach bie mörderiſchen That, 433, 17 hat: hab 434, 6 erhört 9 Geß 11 mörderliche 17 halb 18 erlempffet 19 ſchenttlichen 436, 25 Die er that auff bem heuting Tag 437, 10 betrübet 22 möcht 25 mein Alter grab 29 gerne 438, 22 des morb 439, 1 reun= virn 2 in quitirn 440, 16 rhum, lob, preiß 18 ganß 442, 7 f. Das Glück und Hebl jr auffer wachs Das wünſchet vns allen Hans Sachs. — Die Varianten in den Ueberschriften sind nicht berücksichtigt. Man sieht, es handelt sich blos um Schreiboder Lesefehler; manche Druckfehler bei Hans Sachs sind verbessert worden.

XLVIII

ging und das erste Mal 6, das zweite Mal sogar 8 Stunden dauerte; wir begreifen jetzt, dass die Vorrede zu unserer Comödie, welche gleichfalls ein ansehnliches Personal beschäftigt, sich auf die Kürze der Darstellung berufen durfte. Auch vor dem Hofe führten Jesuitenschüler Komödien auf (Hirn II 476); hier gewiss nicht blos in lateinischer, sondern auch in den vulgären Sprachen. Kaum mit Recht aber hat Gödeke das ein Jahr vor unserem Schauspiel bei demselben Verleger gedruckte „Gespräch. So bey irer fürstlichen Durchleuchtigkeit Ertzhertzog Ferdinanden zu Oesterreich etc. Sonnwend-Fewer gehalten ist worden" (Freieslebens Nachlese zu Gottscheds Vorrath 15 ff.) in der ersten Auflage des Grundrisses (I 236 f.) den Jesuiten zugeschrieben. Es ist in Prosa geschrieben wie unsere Comödie, besteht aus fünf Akten ohne besondere Sceneneinteilung und stellt den Raub der Proserpina vor; mit unserem Drama hat es auch die eingelegten Lieder gemein. Der Prologus scheint auf Erzherzog Ferdinand als Verfasser hinzuweisen: er habe, um das Fest der Sonnenwende feierlicher zu begehen, „aus der Poeterei etliche Gedicht suechen lassen" d. h. nach dem folgenden: den mythologischen Stoff aus antiken Dichtern hervorgeholt.[1]) Aber in italienischer Sprache sind Jesuitenaufführungen bezeugt: 1582 wird ein italienisches Singspiel Tobias aufgeführt; und, wie Ferdinand schon früher einmal Johannes Luchis aus Trient zu Auffführungen berufen hatte, so liess er 1589 aus Mantua, woher seine zweite Gattin stammte, eine Compagnia recitanti in commedia kommen, welche sich 5 Wochen in Tirol aufhielt. Einflüsse des italienischen Drama auf das deutsche wurden in Tirol früh angebahnt; schon die Einführung der Zani in unserem Drama giebt davon ein frühes Zeugnis. (Ueber italienische Truppen in Deutschland vgl. jetzt Trautmann, Münchener Jahrbuch I 193 ff.).

Die Geschichte des Theaters in Tirol während des XVI. und XVII. Jahrhunderts bedarf dringend einer zusammen-

---

[1]) Das Stück selbst habe ich nirgends auftreiben können. Auch Hirn, der es II 481 Anm. 2 citiert, kennt es nach gef. Mitteilung blos aus zweiter Hand.

[2]) Nach auswärts werden Bücher und Handschriften nach den Hausgesetzen nicht verliehen.

hängenden Untersuchung, welche nur derjenige anstellen kann, dem die Benutzung des Ferdinandeums an Ort und Stelle gestattet ist.²) Wir übersehen nur Bruchstücke. Im XVII. Jahrhundert finden wir 1653 die Truppe der englischen Comödianten von Roe, Waide, Gellius und Casse am Innsbrucker Hofe unter Erzherzog Karl Ferdinand (1628—1662); es ist die drei Jahre früher von Kaiser Ferdinand III. zu Wien concessionierte Truppe. Häufiger sah man italienische Virtuosen und Comödianten in Innsbruck, wo zwei Theatergebäude für sie in Bereitschaft standen. In demselben Jahre 1653 weilte Dr. Francisc Herni von Ferrara zwei Monate lang in Innsbruck und componierte etliche welsche Comödien und poetische Sachen. 1654 hält sich Pietro Palombara samt seiner Compagnie eine Zeit lang auf und erhält über 1800 fl. Entschädigung. Im folgenden Jahre 1655 wurde die Anwesenheit der Königin Christine von Schweden auch durch Schauspielaufführungen gefeiert, zu welchen namhafte italienische Künstler berufen wurden: am 3. Novbr. 1655 wurde vor dem erlauchten Gaste ein parvum dramma musicale d. h. ein italienisches Singspiel gegeben, welches den Streit zwischen Mars und Adonis über die Liebe der Venus darstellte und mit einem Ballet abschloss. Am 4. November wurde das dramma musicale „Argis", eine talienische Oper gegeben, deren Verfasser der erzherzogliche Truchsess Philipp Apollonio war. Auf ein mythologisches Vorspiel folgte die aus bekannten Motiven der europäischen Romanliteratur des XVII. Jahrh. zusammengesetzte Fabel: ein Prinz, der geraubt wird, unerkannt in sein väterliches Reich zurückkehrt und im Begriffe steht, seine Schwester zu heiraten; die verlassene Geliebte des Prinzen, welche ihm in Mannskleidern nachfolgt und ihn nach vielen Verwickelungen wieder gewinnt. Das Stück musste auf den besonderen Wunsch Christinens am 7. November wiederholt werden und dauerte volle 6 Stunden; durch scenische Kunststücke, Verwandlungen und Maschinerien war für die bunteste Abwechslung gesorgt. Das Libretto wurde in Druck gelegt und den Zuschauern in die Hand gegeben. (A. Busson, Christine von Schweden in Tirol. Innsbruck 1884.)

1660 finden wir dann den deutschen Prinzipal Christoph Blümel mit neun anderen deutschen Comödianten im Dienste

L

desselben Erzherzogs Karl Ferdinand. Er bearbeitet den „Juden von Venedig" der englischen Comödianten, aber auch die Uebersetzung, welche ein Mitglied des tirolischen Adelsgeschlechtes deren von Kunigl bereits früher von einem italienischen Drama des Cicognini veranstaltet hatte. Nach dem Tode des Erzherzogs Karl Ferdinand (1662 †) finden wir die „Innspruggischen Hofcomödianten" in Laibach; hier oder noch in Tirol sind zwei ehemalige Mitglieder der Truppe des englischen Comödianten Jollifuss zu ihnen gestossen, Hoffmann und Schwarz, und neben romanhaften Verwicklungen wie im „verirrten Soldaten" führen sie auch die Geschichte des hl. Eustachius auf. 1663 und 1664 spielen sie in Wien und treten dann in den Dienst des Kurfürsten Karl Ludwig von der Pfalz; aus „ehemals Innspruggischen" werden die kurpfälzischen Schauspieler, welche 1667 in Basel, 1668 in Frankfurt, Köln, Aachen auftreten. 1674 verschwinden die letzten Mitglieder in Graz unseren Blicken (Bolte, Shakespearejahrbuch XXII 189 ff.).

Dem folgenden Abdruck des Speculum humanæ vitæ liegt das der königl. öffentlichen Bibliothek in Dresden gehörende Exemplar zu Grunde.

Den Text habe ich nur an wenig Stellen zu ändern für nötig gehalten: 10, 35 (von oben) jḫren anstatt jḫre; 12, 8 geringen anstatt geringes; 13, 23 Zug anstatt Zeug; 21, 35 sachen anstatt sagen; 23, 4 geren anstatt gerer; 38, 3 sich anstatt sie; 41, 7 f. der Herr zu jḫnen anstatt der zu jḫnen Herr; 47, 14 fürstrecken anstatt fürsterden; 51, 25 sündliche anstatt sündliches Häufig steht druckfehlerhaft n anstatt m im Dativ, und da diese Fehler so oft wiederkehren, habe ich auch dort die starke Form eingesetzt, wo sie an sich nicht unbedingt nötig war: 5, 22 allem; 5, 36 jrem; 6, 18 allem; 8, 21 meinem; 9, 24 dem; 15, 1 seinem; 15, 27 meinem; 23, 33 Etwrem; 24, 34 Christlichem; 29, 39 iḫrem; 52, 20 welchem; 52, 25 gerechtem; 52, 33 iḫrem; 54, 36 rechtem; 56, 5 vielem; 56, 21 Gottsförchtigem; 62, 21 jrem. Umgekehrt steht im Original die starke Form in folgenden Fällen durch Druckfehler: 11, 7 u. 34, 6 gueten; 54, 24 menschlichen; 62, 16 zu den; 63, 20 beinen. Die Gemination m habe ich stillschweigend in mm oder mb aufgelöst, v̄ in vnb. Die Interpunktion rührt gleichfalls von mir her. Aber 13, 22 vngeiebte hätte ich (nach 55, 6) nicht in vngeűebte verwandeln sollen; und 55, 27 ist [40ᵃ], 56, 25 [40ᵇ] einzusetzen. Sprachlich merke ich folgendes an: 5, 2 Geſchwiſtergeth s. Schmeller I 651. 9, 12 der koſten, pl. die köſten Schmeller I 1308. 10, 20 anheut: Schmeller I 819. 10, 27 das Ort = Ende, Spitze; Schmeller I 151. 10, 28 verblaſen = ausschnaufen; fehlt bei Schmeller. 11, 39 Kränhelmal: fehlt bei Schmeller, vgl. Albertinus, Gusmaun von Alfarache 1631 S. 299: deß=gleichen ſetzen die Eheweiber ihren Männern Bocšhörner auff, zu= malen wann dieſelbigen jhnen verwilligen vnd zuſehen, daß ſie circularia oder Krantzmahl halten, jhre vertrawteſte vnnd beſte Geſpielen vnd Tantzſchweſtern darzu laden. 12, 25 kluppen = hd. Kluppen, Zwangholz, figürlich Verein loser Vögel, liederlicher Gesellen; Schmeller I 1336. 13, 22 groß vnd kleine Hanſen; Schmeller I 1134. 14, 22 Kratſchmar = Kretschmar, Schmeller I 1388: Wirth. 16, 1 das Leger = der Leger, das Geleger bei Schmeller I 1548: Weideplatz mit Statt. 18, 27 rhüebig = rüewig, ruhig, behaglich. 19, 24 Kreß = Krause, bei Albertinus s. Trautmann a. a. O. 58. 22, 34 Prachſſen = Brächsen oder Prachsen; Schmeller I 344: Säbel, Schwert (verächtlich). 26, 17 Hausarme Leute: das Wort finde ich noch in dem von Schiller redigierten Jahrgang der Stuttgarter Nachrichten zum Nutzen und zum Vergnügen 1781, Nr. 46, S. 181. 26, 21 u. ö. E. Veſt oder Veſtigkeit = Euer Wolgeboren; Schmeller I 774 f. 30, 5 hinderſtellig = rückständig, zurückgeblieben; Schmeller I 1137. 31, 9 und 45, 18 in die Züge greiffen = in die letzten Züge fallen; Schmeller II 1098. 37, 1 Räbler = Räblerducaten; Schmeller II 4. 39, 13 merend = lat. merenda, Nachmittags-brot; vgl. Albertinus a. a. O. 300: mörend. 42, 12 Nudlboctor weiss ich nicht sicher zu erklären: entweder verächtlich, wie man sagt Nudldrucker für Knauser, oder von die Nüd = Durchfall, schnelle Kathrin? 44, 28 der Gſundt oder Gſund = Gesundheit; Schmeller II 307. 46, 7 Keychen = Kerker; Schmeller I 1219. 48, 13 Perner = Berner, Berner Pfennig (240 Berner = 1 Pfund, 5 Pfund = 1 Gulden); Schmeller I 279. 48, 29 Meibt = Minute, gar nicht; Schmeller I 1690. 42, 28 der kram = Krampf; Schmeller I 1368.

Zu 38, 1 vgl. Böhme, altdeutsches Liederbuch Nr. 611 und die Parodie a. a. O. Nr. 610, Lilienkron, deutsches Leben im Volkslied Nr. 136. — 41, 7 sind unter bie zwen die Zanni zu verstehen, die schon hier mitspielen. Im Personenverzeichnis fehlt der Bettler zum vierten Werk der Barmherzigkeit. Sprichwörter: 5, 8; 6, 6; 6, 11; 8, 34 f.; 11, 27; 12, 22 f.; 21, 25 f.; 22, 24 f.; 26, 12; 35, 6; 49, 13; 4b, 2 f.; 59, 2 f.; 59, 26; 60, 23; 61, 25; 63, 20 f. Fabeln: 21, 4 f.; 27, 28 f.

Wien, im Manuscript abgeschlossen den 26. Juni 1888; im Satze beendet den 10. Dezember 1888.

J. Minor.

Ein Schöne
COMŒDI SPECV-
LVM VITÆ HVMANÆ,

Auff Teutsch

Ein Spiegel des Menschlichen Lebens genandt.

Vignette.

Getruckt in der Fürstlichen Statt Inßprugg, durch Johannem Pawer.

1 5 8 4.

[Zeile 2, 3, 5, 7, 10 und das Wort „Insspruggˮ in Zeile 8 sind im Original roth gedruckt.]

Zue dem Leser.

Nachdem der Durchleuchtigist Hochgeborne Fürst vnd Herr Ferdinand Erzherzog zu Oesterreich, Herzog zue Burgund, Graf zue Tyrol ꝛc. vnser genebigister Herr, mir genebigist erlaubt vnnd vergunbt, dise Comœdi so jhr Fürst. Drt. selbst erdacht vnd gemacht in den Truck zebringen, hab ich den Leser (der sich villeicht, daß dieselbig auff ein andere manier, als man sy sonst zemachen pflegt, gerichtet, verwundern möcht) erinneren wöllen, daß solches nit one sonderen vrsachen beschehen, als nemblichen, dieweil man dem orbinari gebrauch nach die Comebien inn vil Prologus, Actus, vnd Scenas außzethailen pflegt, ist man darzue langer zeit, zue welcher sy gehalten, bedürfftig, darburch die zuehörer vngebultig vnd wenig lust auffzuemercken vberkommen. Also haben hochgebachte Fürst. Drt. dise Comœdi, so sy Speculum vitæ humanæ, das ist: ain Spiegel des Menschlichen Lebens genennet, auff ain andere vnnd kurze weiß zuesamen gezogen, damit der zuehörer nit allain in der jezigen verkörten Welt lauff, guets vnnd böses, wie auch solliche baide von Gott dem Allmechtigen belohnt vnd gestrafft, anhören, sonder auch, nachdem die Materi biser Comœdi sein kurz vnd deutlich außgefürt, alles besto besser in die gebächtnuß fassen, sich darinnen Spieglen vnnd ain Exempel sein leben darburch zerichten vnd zubesseren barauß nemen möge.

1*

[2ⁿ] **Der Erſt Actus**
hebt ſich an mit nachvolgendem Lobgeſang, ſo durch die
Engel vnnd Muſicen geſungen vnd gehalten wirdt:
    Laudate Dominum de terra, Dracones et omnes
Abyssi. Ignis, grando, nix, glacies et spiritus procellarum, quae faciunt verbum eius. Montes et omnes
colles, ligna fructifera et omnes Cedri. Bestiae et vni-
uersa pecora, Serpentes et volucres pennatae. Reges
terrae et omnes Populi, Principes et omnes Iudices terrae.
Iuuenes et Virgines, Senes cum Iunioribus, laudent nomen
Domini, quia exaltatum, est nomen eius solius. Alleluia,
Alleluia.
    Auff Teutſch:
    Lobet den Herren die jhr auff Erden ſeyt, jr Walfiſch
vnd alle tieffen. Fewer, Hagel, Schnee vnd Eyß, Wind
des vngewitters, die ſein wort außrichten. Berg vnd
Bühel, fruchtbare Bäum vnd Zedern. Thier vnd alles
Viech, Gewürm vnd geflüegel mit Fettichen. Jr Künige
auff Erden vnd alle Völcker, Fürſten vnnd alle Richter
auff Erden. Jüngling vnnd Junckfrawen, jhr Alten mit
den Jungen, lobet den Namen des Herren, dann ſein Nam
iſt allain erhöhet, Alleluia, Alleluia.
    Darauff volget das Geſpräch des Reichen Jünglings
mit ſeinem Hofgeſindt, vnnd die vnderweiſung des [2ᵇ]
Ainſibels, darauß zumercken das ain jeder, zuuorauß ain
Junger Menſch, nichts für ſich ſelbſt, ſonder mit rath vnnd
zu vorderſt der Gaiſtlichen, als denen von Gott vil ge-
haimnuſſen vor anderen geoffenbaret werden, handlen vnd
ſchlieſſen ſolle.
    Jüngling:
    Nachdem mir Gott der Allmächtig vnder andern auff
diſer Welt in meiner blüeenden Jungent guete geſundthait
vnnd ſtercke des Leibs verlihen, zu bem das ich von guetem
Stammen geboren vnnd nit aines geringen herkommens,
Gelt vnnd Guets genueg, darzue mit herrlichen Land,
Güetern, Paläſten vnd Heuſern verſehen, ſolliches auch an
fridlichen vnd ſichern orten vnd wol verſorgt, alſo das ich mich
auff diſer Welt gleich vmb nichts bekummern darff: So waiß
ich mich aber noch nit zuentſchlieſſen, wie ich doch mein Ju-

gent mit Ehren hinbringen solle, dieweil ich auch weder
Vatter noch Mueter, meine Geschwistergeth mir auch alle
mit Tod abgangen, vnnd ich also ainiger vnnd der letste
meines Stammens verlassen, will ich dich, lieber Hofmaister,
als den ich jederzeit getrew befunden, vmb Rath fragen,
wie ich solliches angreiffen möchte.

Der Hofmaister:

[3ª] Genediger Herr, ich hab all mein lebenlang gehört,
das der so Rath begert, dem selbigen sey zerathen, vnnd
der sich aines gueten Raths helt, dem selbigen es wol vnd
glücklichen von statten gehet, auch jne nit gerewen thuet,
das aber E. G. mit meiner Person, vnd mit meinen ge=
trewen vnterthenigklichen Diensten genedigklich zufriden,
thue ich mich nit wenig erfrewen, wäre mir auch nichts
liebers, dann das E. G. ich (wie ob Gott will vnd ohne
rhuem zemelden bißher beschehen) an jetzo auch, weil E. G.
meines vnterthenigen Raths begeren, wol vnd nutzlich bienen
kunde, vnd sollicher mein Rath E. G. zu allen Ehren vnnd
glücklichem vortgang geraichen möchte. Nun aber, genediger
Herr, ist es in diser verkörten Welt laider also beschaffen,
das diejenigen vnd zuuorauß junge Leut, denen Gott vnd
das Glück in allem, was die Menschliche vnberhaltung
vnnd wollust belangt, alles benüegen vnnd volkommenheit
verlihen vnd beschert, wenig des Vatterlands noch den
gemainen nutz vnd wolfart betrachten, sondern gedencken
nur dahin, wie sy jren Pracht füeren gueten muet haben
vnd jnen selbst allain lieben möchten. Darumben, genediger
Herr, were mein getrewer rath das E. G. sich auf ain
zeitlang an ainen Fürstlichen Hof vnd fürnemblichen an
E. G. Landsfürsten Hof begeben theten; dann ain fein
ding ist, wann ain Herr seine vnderthanen vnd die Vnder=
thanen jren Herrn erkennen lernen, darburch baider lieb
vnnd vertrawen gegen ainander wachsen. [3ᵇ] Aber das
müeßten E. G. sich hüeten, das sy sich kainer leichtfertigen
jungen Gesellschaft annemen, derselbigen sich auch nicht
anhengig machen, sondern allain jrem Herrn vnnd Lands=
fürsten getrewlich vnnd fleissig auffwarten, vnd sich gueter
Ehrlicher Gesellschafft befleissen.

Jüngling:

Lieber Hofmaister, du haſt wol recht von der ſachen geredt, laſſe mir auch dein getrewe mainung nicht mißfallen, ſo will ich doch darüber etlicher anderer meiner getrewen Diener rath vnd guetbedunden auch anhören. Dann man ſagt: vil ſolten rathen, aber nur ainer ſchlieſſen. Derohalben, lieber Stallmaiſter, wölleſt mir dein mainung auch anzaigen, wie ich meine ſachen (weil du mein begeren alberait vernommen) anrichten möchte?

Stallmaiſter antwort:

Genedigster Herr, es iſt ain Sprichwort: ain jeder Vogel ſingt ſein geſang. Dieweil ich dann, wie E. G. wol wiſſen, von Jugent auff ain Kriegßman geweſen, mir auch das Kriegen (Gott hab lob) wol bekommen, dann ich Ehr vnd Guet dardurch erlangt: So were mein vndertheniger Rath, das E. G. als ain friſcher, ſtarcker, junger Herr ſich auff das Kriegsweſen begeben hetten, darzue E. G. mit allem dem, ſo ainem Kriegßman vonnöten, von Gott vberflüſſig begabt vnd verſehen, dann da kain mangel, weder an gelt, an der Perſon, noch andern [4*] qualiteten verhanden, ſo ſehen E. G. auch in was anſehen jetziger zeit die Kriegsleuth, die da etwas verſuecht, ſein vnd wie ſy vor andern herfür gezogen werden, ain Kriegßman kan auch ſeinem Herren vnd Vatterland vil nutz ſchaffen. Dann E. G. wol zuerachten, das bey diſen jmmerwerenden Kriegen vil Kriegsleut erſchlagen werden, vnnd ſonſt durch manicherlay weg vmbkommen, vnd müeſſen die Kriegßherrn vnd Oberſten andere an derſelben ſtat haben, die man zuerhaltung Land vnd Leut bedürfftig iſt. So iſt auch das Kriegsweſen das luſtigſt leben auff diſer Welt, dann ain Kriegsmann hat guete Geſellſchafft, Eſſen vnd Trincken voll auff, Gelt vnd Guet, auch was ſein hertz begert, bekommt er genueg vnd oberflüſſig, vnnd ich waiß wol, wann E. G. nur ainmal ainen anfang machen, das ſy nit leichtlich oder ſo bald mehr außſetzen wurden.

Jüngling:

Ich würde gleich jtz mit Ewren rathen, vnd machts

ein jeder guet in seinem Sinn; ich mueß meinen Secretari auch fragen. Lieber Secretari, was sagst du darzue?

Secretari antwort:

Genediger Herr, E. G. sollen wissen, das derselben ich so lang mir Gott die genad vnd das leben verleicht, getrewlich vnnd gehorsamlich dienen will, aber in Krieg kan E. G. ich nit rathen, dann was wolten sich E. G. zeihen, weil sy daheimen in gueter rhue sein, zue Essen [4ᵇ] vnnd Trincken, auch was jr hertz begert, gnueg haben, das sy solliches erst mit grosser gefahr im Krieg suechen wolten; wöllen sy es aber thuen, so nimb ich den nechsten vrlaub. Dann in Krieg komb ich nit, bin dessen nit ge= wont, schlecht mich einer krumb vnd lamb, so kan ich nimmer schreiben. Haut mir einer ain Schrammen in kopff, so wird ich doll vnnd bin auch nichts mehr werth, was solt ich dann im Krieg thuen, das Pulffer kan ich nit schmecken, wann ich bahaimen bin, kan ich nit leyben, wann man zue der Tartschen scheust, was wirdt mir dann im Krieg geschehen, da man mit grossen Stucken vmbgehet, so hab ich auch von etlichen meinen gesellen gehört, was es für ain gefärliches Ding vmb das Kriegen sey, das jme offt einer dermassen förchtet, das er (waiß nit was) thuet. Nain, nain, genediger Herr, in Krieg komme ich nit, vnd habens E. G. mir nur nit für übel. Aber das wolt E. G. ich wol Rathen, nachdem E. G. jung, gesundt vnd starck, auch Reich, das E. G. auff ain Jar oder zway außzugen frembde Land durchraisen, vnd derselben art vnd sitten erkennen lerneten, wann dann E. G. widerumben haimb oder sonst vnder die Leut kommen, so künden sy auch etwas von der sachen reden, dann wer vil sicht, der erfart vil, macht sich mit vil Leuten bekannt, vnd kan jme in seinem alter auch zu nutz kommen, das er sich in ains vnd anders desto besser schicken mag.

Der Jüngling spricht:

[5ᵃ] Ich mueß gleich lachen, das ich ain so fraidigen Diener an dir hab, du darffst nit sorgen, weil du ain so waiblicher Gesell bist, das ich dich mit mir inn Krieg

nemen wirdt, vnd dunckt mich, der beschluß deiner Red
sey besser, dann der anfang, ich wolt dennocht auch geren
meines Haußmaisters mainung vernemen.

Der Haußmaister sagt:
Genediger Herr, ich hab gehört, vngefragter solle
kainer sich mit reden einmischen, ob mich gleich wol das
schweigen hart ankommet, wann aber E. G. meiner ain=
feltigen mainung begeren, will ich dieselbige vntertheng
vnd gehorsamlich vermelden.

Der Jüngling:
Wolan so sag her, dann man will sagen, das bey
geringern Leuten auch mancher guter rath zefunden, dar=
umben sey ohne alle forcht, vnnd Red nur dapffer herauß.

Der Haußmaister:
Nun wolan, genediger Herr, so will ich in Namen
Gottes fortfaren. Ich hab bey einem gleichen gehört, was
durch den Hofmaister, Stallmaister vnd vorauß durch den
Secretari vor mein geredt worden, so wissen aber E. G.
vorhin wol, das ich mich auff der gleichen sachen nichts
verstehe, nicht darumben das ich mir förcht wie der Se=
cretari, sonder allain meinem beuolhnen Ambt vnd der
Haußwiertschafft außgewart, darumbe [5ᵇ] ich destoweniger
dauon Reden kan, dieweil aber E. G. selbst wissen, das sy
ain ainiger des Namens vnd Stammens, auch gelt vnd
guets genueg, so were mein Rath, E. G. bliben dahaimb
vnd liessen vmbsehen, ob ain schönes, junges, haußliches
Fräwlein, E. G. standt vnd herkommen gemäß vnd von
ainem Fruchtbaren Geschlecht herkommende, verhanden wer,
die nit vil inn Stetten vnd an Höfen erzogen, so bey allen
Kirchweyhen, Hochzeiten vnd Pancketen sein wöllen, vnd
verheyraten sich mit jr, darmit sy zuerhaltung jres Namens
vnd Stammens Mannliche Erben vberkommen, dann solte
E. G. also in jrer jungent one Erben abgehn, dörffte E. G.
gleich so bald einer Erben, der E. G. weder danck dir Gott,
noch gnad dir Gott nachsaget, sonder sich vilmehr zuuor
auf E. G. Tod gefrewd hat, darmit Er nur zu den schönen

schönen Güetern vnnd Reichtumb kommen möchte, es kan ainer bahaiment auch wol etwas lernen, dann es seind deren Leut genueg verhanden, die sonst nichts zuschaffen haben als Buecher schreiben, darinnen man allerlay Land vnnd Völcker, art vnnd sitten beschriben fündt, auch die Landßordnungen, darinnen künden E. G. sich auch erlustigen vnnd etwas lernen, darzue weil E. G. one das vil Diener zehalten pflegen, möchten E. G. solche von allerlay Nationen, die getrew, Erbar vnd eines zimblichen Alters, annemen, bey weltlichen sy solches zum thail gleich so wol erfaren vnd erfragen künden, dardurch dann E. G. vil vncosten, der sonst vber [6ᵃ] andere sachen, wie vor mir gemeldt, auffgehen wurde, verhüetet kan werden.

Der Jüngling sagt zu seinem Hofmaister:

Lieber Hofmaister, was gehet da für ain feiner alter Mann daher?

Der Hofmaister:

Genediger Herr, ich halt ihn für ain Ainsibel.

Der Jüngling:

Was ist dann ain Ainsibel?

Der Hofmaister antwort:

Ain Ainsibel ist, der sich der Welt entschlecht vnnd in den Wildnussen wont, in seiner Zell oder Hütlein mit seinem gebett Gott dem Allmechtigen Tag vnnd Nacht dienet, denen auch durch die Himmlischen Influentzen vil verborgne sachen geoffenbart werden.

In dem kompt der Einsibel, spricht dem Jüngling zue:

Grüeß dich Gott, lieber Jüngling.

Der Jüngliug:

Danck euch Gott, lieber alter Vatter, wie kombt jr also vnuersehens vnd vnbekannter weiß zue mir, was ist ewer begeren?

Der Einsibel:

[6 b] Die vrsach meines herkommens ist nichts anders, dieweil ich auß Himmlischer Eingebung waiß, das dein fürnemen guet vnd auffrecht, vnd dich nit entschliessen kanst, was du für ain weg dein leben mit ehren hinzubringen für dich nemen solleft, so wolt ich dir gern ain guete lehr vnd rath, da du anderst dieselben an mich begerst, mit= thailen.

Jüngling:

Lieber Vatter, ich thue mich gegen Euch gar vast bedancken, wie kůndt jr aber wissen, was meine anligen sein, dieweil wir vnser lebenlang ainander nie gesehen?

Einsibel:

Lieber Sohn, du solt wissen, das vns, die wir vns der Welt entschlagen vnnd also von derselben abgesündert in der Wildnuß wohnen, Gott dem Allmechtigen dienen, von seinen Göttlichen genaden vil gehaimbnussen geoffen= bart werden, dardurch wir sampt vnserer lehr der Welt zuhülff kommen, sy vnderweisen vnd das Himmelreich Gottes mehren kůnden.

Jüngling:

So ich nun, lieber Vatter, vermercke, das jr mit sollichen genaben, darab ich nit zweyfel, von Gott dem allmechtigen begabt, so werd jr mir zu meinem Vorhaben auch wol rathen kůnden, vnd will Euch nit verhalten: Nachdem ich an heut ainen weitten weg geraist, vnnd mich derselbig gleich an bises ort getragen, da ich meine [7 a] Roß fůetern vnnd verblasen lasse; bin ich mit meinen Dienern, dise Art vnnd gelegenhait zubesichtigen, ain wenig spatzieren gangen, vnnd mit jhnen, wie ich etwan meine junge tåg wol anlegen möcht, vertrewlich geredt, darauff mir mein Hofmaister gerathen, ich solt mich an meines Landßfürsten Hof begeben, mit vermeldung, wie ein fein ding es sey, das ain Herr seine Vnderthanen vnnd die= selbige jhren Herrn erkennen lernen, neben andern gueten lehrn mehr, die mir dann nit vbel gefallen.

Ainsibel:

Lieber Sohn, was dir dein Hofmaister gerathen, ist wol nit ain böser weg, wie ich dann auch solchen rath, wo man demselben bestenbigklich nachvolgen kan, nit vnrecht haissen thue, aber es seind darneben vil verhinderungen verhanden, die an den Fürstlichen Höfen ehender zum bösen als zue dem gueten anfüern, dann biemeil du von Gott mit Reichtumb an gelt vnd güetern genuegsam, ja vberflüssig begabt, würdest du vnangefochten nit bleiben künden, vnd besorge du seyest noch zu jung sollichen an= fechtungen widerstandt zuthuen, dann an sollichen Höfen man allerlay gesind, guets vnnd böses, hochen vnd nidern Standts findt, da sein Spiler verhanden, die nichts anders thuen, als tag vnd nacht dem Spilen außwarthen, die wurden nit vnderlassen an dich zusetzen vnnd zum Spilen zuuerursachen, dir auch zuuerstehn geben, du seyest nur allain ain ainiger [7ᵇ] beines Namens, habest weder Weib noch Kind, Reichtumb vnd gelts genueg, wem du es dann sparen wöllest? kündest mit Spilen dein kurtzweil haben; vnd wann du es also nit thuen wirdest wöllen, wurde ainer sagen: du seyest ain Stimpler, der ander: du senest kain Hofman, der dritt: du seyest ain Sparhasen, vnd setzeten also nit von dir, biß sy dich in das Spilen brächten. Was volget aber auß dem Spilen? anders nichts als fluechen vnd Gotteslesterung, dann wo man verspilt, da wirdt man vnwillig vnd zornig, vnd kan so gar Gottes heyligen Leyden vnd Wunden nit verschont werden. Dar= zue seind jhr vil an den Höfen, die das jrig verthan haben, die wurden sich zu dir gesellen, dich loben, die beßten wort geben, Brueberschafft mit dir machen, dich darnach vmb Geltanlehen ansprechen vnd Exempel fürwerffen: der vnd biser habe auch andern Gesellen vnd armen Schluckern geholffen, thuest du es nit, so bist du ein karger filtz, vnd setzen dir mit andern schmehlichen Namen dermassen zue, das du Ehren halben etwas thuen muest vnd hernach gleich so wenig als die andern bezahlt werden. Zum dritten: so findt man auch guete Zechbrüeder, die tag vnd nacht im Lueber ligen, die zeit nur mit Pancketieren, fressen vnnd sauffen hinbringen, lassen vnder jhnen Kräntzelmal herumbgehen, vnnd thuens also allain auff den Herren ansetzen, ain Herr mueß darnach sy (als wann sy das jrig in jren Diensten eingepüest) in ander weg mit gnaden bedencken, das doch ain Herr, [8ᵃ] das er solliches vnnotwendigs verthuen vnnd verschwenden bezalen solle, nit schuldig ist. Wann dann bey sollichem Pancketieren, Kräntzelmälen ainer, so aines gueten vermüegens, nit besser Tractiert als der aines geringen, kan er jhnen abermals nit recht thuen. Wilst du dich dann an sy kören vnd Reichlich aufgehen lassen, so wirdt dir, ob du gleich noch so Reich werest, dein Gelt vnd Guet auch nit lang klecken. Zum vierten: so sein auch der jungen Hofleut nit wenig, so der Huererey vnd vngebürlichen Buellerey mehr als jrem dienst außwarten, die gantze Nacht wie die wüetende Hund auff der Gassen vmblauffen, vor wellichen auch die ehrlichen Junckfrawen vnd Mäblein, so von jren Herrschafften außgeschickt werden, nit sicher sein künden, verthuen das jrig nur mit vnnützen Leuten, vberlüstigen mit jren gueten worten vnnd verhaissungen die armen jungen Mäblein, biß sy sy zu jrem willen bringen, hernach aber wann sy jren willen verrichtet, halten sy jhnen das wenigist, vnd müessen die gueten Mäblein den spott zum schaden haben. Vor sollichen leichtfertigen Hofjunckern vnd Gassentrettern würdest du auch wenig sicher sein, biß sy dich in jr Gesellschafft vnd in die kluppen brächten, wie dann deren vntugenden an den Höfen noch vil mehr seind, darbey ainer maniches mal seines lebens nit sicher sein kan, wäre auch vmb den leib nit so vast zethuen, da nit darneben die Seel gleichßfals in gefahr käme. Es ist darvmben aber nit alles Hofgesindt also, dann man dar=[8ᵇ] under wol auch findet, die sich aller Gottesforcht vnnd tugent befleissen, jrem Herren getrew vnnd fleissig auff den dienst warten, solliche sollen die jungen Hofleut billichen Ehren, sich zu jhnen gesellen, für jre Vätter halten, vnd von jhnen ain Exempel nemben.

Jüngling:
Lieber alter Vatter, ich thue mich gegen Euch bedancken, das jr mir das Hofwesen so wol ainen, als den

anderen weg zuuerstehn geben, darueber kan ich Euch aber
auch nit verhalten, was mir mein Stallmaister gerathen,
als nemblichen, das ich mich auff das Kriegen begeben
solle, mit vermeldung das man jetziger zeit der Kriegsleut,
dieweil jrer bey disem immerwerenden Kriegen vil vmb=
komen, zuerhaltung Land vnd Leuten maisten bedürfftig,
auch in was ansehen vnnd Reichtumb ainer dardurch
komen mag, vnd was jme ainer für guet leben im Krieg
schaffen kan.

Ainsibel:

Lieber Sohn, was das Kriegen anlangt, kan ich dir,
weil die Kriegszucht bey disen vnsern zeiten gar in abfall
komen vnd mißbraucht wirdt, nit besinden, wie dir möchte
darzue gerathen werden, dann es laider jetzo darzue komen,
das ain jeder Oberster vnnd Haubtman will hochberüembt
vnnd angesehen sein, vnderstehen sich grosser ämbter, sagen
vil von jhren Ritterlichen Tugenten, grossem Geschlecht
vnnd herkomen, auch [9ᵃ] grossen Reichtumben an Land,
Leut vnd Guet, nemen sich grosser Besoldungen an, be=
dencken also nur jhren vnd nit den gemainen Nutz, thuen
auch andere zu sollichem befürdern vnnd gehet auff solliche
vngeüebte groß vnnd klain Hansen jhrer Besoldung halber
mehr auff, dann der gantz Zug deß hellen Hauffen mit
Sig erobern vnd erlangen möchte, das beschicht aber auß
kainer andern vrsachen, als durch grosse Fürbitt vnnd gunst
grosser Herrn, welliche jhre Brüeder, Vatter, Freund vnd
Schwager, wie man sy auch nennen mag, groß vnd klain
Hansen herfürziehen, vnd dieselben vor andern befürdert
müessen werden, da will alßdann ain jeder ain Haubt=
manschafft vnd Beuelch haben, Leutenambt vnd Fendrich
sein, die doch jr lebenlang in Kriegsleuffen nie geübt noch
gebraucht worden seind. Vnd wann man sy in die Kriegs=
räthe solle nemen, da man von Kriegsgebreuch handlen
vnnd reden thuet, daran ainem Herrn Land vnd Leut,
auch all sein wolfart gelegen, so künden jre Guldene ketten,
darinnen das ansehen vnd die vernunfft stecken solle, kain
wort, noch das wenigiste, was sich in solchen wichtigen
sachen gebürn will, antwort geben oder doch mit hülflichem
Rath erscheinen, lernen auch anderst nichts, allain Gott

schenden, lestern, fressen vnd sauffen, spilen vnd huererey treiben, denjhenigen, den man beschützen solle, das jrig helffen mit gewalt nemen, Frawen vnd Junckfrawen schenden, arme leut betrüeben, vnd letstlichen die vnwiderbringliche zeit vm=[9ᵇ]sonst vnd vergebens verzeren, dardurch dann auch erkennt vnd augenscheinlich befunden wirdt, das bey solchen vngeschickten Haubt vnnd Kriegsleuten Haubt vnd Veldschlachten verloren, Land vnnd Leut zuboden gangen, merdlicher nachthail vnd vnwiderbringlicher schaden empfangen worden. So kompt auch auß manichen Landen vnd Nationen ain Volck zusamen vnd stellen sich als wären Sy geschickt vnd geüebt in Kriegen vnd wöllen jederman fressen, wie man sy nennet die Eisenbeisser oder Federhansen, vnd seind doch junge Knecht, Knoblachs Junckern, die des Harnisch nit gewohnt seind, mit kainer harten arbait nie beladen gewesen, des Kriegswesens nie erfaren, denselbigen ist jr hertz, wie jr gesicht vnd schreyen außweißt, mit Gottslestern schelten vnd fluechen, fressen vnd sauffen, welliche auch nit anderst wissen, dann es solle auff diese weiß alles darmit außgericht sein vnd haben in jrem sinn also beschlossen, es gehe in Kriegen also zue, wie auff den Kirchweihen oder in den Kratschmar vnd in den Wiertheusern; auff dergleichen Gesellen ist wenig hoffnung oder trost in kriegsleufften zusetzen, es seye dann das sy in bessere übung vnd erfarung kommen. Wellicher aber ainen rechten Kriegsmann abgeben will, der solle fein von anfang ansahen, lernen alle Kriegsämbter zuuersuechen, vnnd sich deren kaines, wie gering es ist, mit nichten schämen, als nemblichen von einem jungen anzuheben, denen dann das Kriegen vnnd die Trommel [10ᵘ] ain lieblichs Spil in ohren ist, volgent einen Hackenschützen, Doppelsölder, Jurier, Waibel, Veldwaibel, Leutenambt, Fendrich, Haubtman, Obersten Leutenambt abzugeben, biß er gar zu ainem Obersten wirdt, one was auch die andern Kriegsämbter, als Schulthaiß, Wachtmaister, Quartiermaister, Zeugmaister, Profoß, Prouiantmaister vnd dergleichen sein mögen. Alßdann kan er als ain erfarner, versuechter Kriegsman, da ainer inn seinem Kriegsambt ainen Kriegsherrn betrüegen vnd nit, wie sich gebürt, verhalten wurde, demselbigen zuesprechen vnd seinem Herrn, auch Land vnd Leut vil nutz schaffen. Dieweil dann die sachen bey diser Welt, das Kriegswesen so wol als andere Professionen belangend, dermassen beschaffen, das darinnen anders nichts als lautere aigennützigkait, ergerlichs leben vnd darbey grosse gefahr leibs vnd lebens, auch gewissens halben, der Seelen seligkait verlust zu befinden, so kan ich dir, lieber Jüngling, dieweil du noch in deiner blüenden jugent, starck vnd gesundt, darzue mit Reichtumb von Gott begabt, auch das du den grossen gefahrligkaiten vnnd ergernussen nit entrinnen, vilweniger dieselbigen erleiden vnd vberstehen würst künden, mit nichten rathen, das du dich in den Krieg begeben sollest.

Jüngling:
Lieber alter, dieweil du so wol von den sachen reden kanst, so würst du gewiß auch ain Kriegsman gewesen sein.

[10ᵇ] Ainsibel:
Ja, mein lieber Son, ich hab solches alles wol versuecht vnd erfaren, dieweil ich aber befunden, das kain schwerer orden auff diser Welt, dann ain Kriegsmann ze sein, mit guetem gewissen hab ich mir fürgenommen, ain Ainsiblisch leben an mich zunemen, wie ich dann, so lang ich darinnen bin, erfaren, das es mich vil leichter als das Kriegen ankommen.

Jüngling:
Wie kan das sein, mueß doch ain Ainsibel, wie ich von meinem Hofmaister verstanden, abgesondert von den Leuten, nur allain in der Wildnuß vnd vnder den wilden Thieren sitzen, sich der Wurtzeln vnd des Wassers behelffen, ain Kriegsman aber der ist Frey, hat vnd bekompt, wie ich hör, essen vnd trincken volauff, Gelt vnd guets genueg, auch was sein hertz begert.

Ainsibel:
Mein lieber Sohn, da thuest du weit fählen, redest auch gleich daruon, wie du ain Kriegsman bist. Dann ich will dir sagen, ain Kriegsmann, der ain gantzen tag in Regen vnd Schnee in seiner Rüstung zeucht, wann er

ins Leger kompt, hat er noch kainen trucken Platz, da er sich nider möcht legen; will er jhme dann ain hüeten Pawen, mueß er erst in ain Dorff lauffen, den Pawrn jr Holtz vnnd Pretter nemen, thuets ainer nit, sondern gedenckt an sein gewissen; das er seinen Nechsten belai= [11ᵃ]bigen solle, so mueß er auff blossem nassen boden ligen, auff jhn regen vnnd schneiben lassen, darzue wann die Wacht an jhm ist, die gantze nacht vnder freyem Himmel in Regen vnnd Schnee stehn, kompt er inn das Leger, ist er hungerig vnd durstig, vnd seind die Prouiant noch nit verhanden, vnd ob sy schon verhanden, hat man jhne et= wan noch nit außzalt, da lauffen Sy dann auff die Paurn, nemen jhnen das jrig, was Sy finden thuen, mit gwalt, will jhme ainer darumben ain gewissen nemen, so mueß er hunger vnd durst leyden. Nimbt man dann ain Statt ein, vnnd will ainer mit blindern nichts bekommen, so mueß er ain armer Gesell bleiben vnd hat sein leib vnnd leben vmb sonst in gefahr gesetzt. Nimbt er ain gefangnen vnd thuet in zu hoch Rantzionirn, so beschwert er abermalen sein gewissen, will ainer seinem Haubtman nit durchgehen, vnnd ainen blinden Namen helffen machen, so hat er kain gunst bey jhm, thuet ers dann, so ist das gewissen wider= umben verletzt, wie dann dergleichen sachen vil verhanden, ain Gaistlicher Ainsidel aber hat dennocht seine stund zum essen, zum schlaffen, zum betten, sein truckne gedeckte Hütten, dienet mit gueter rhue vnd gewissen Gott dem Allmechtigen vnd seiner Seelen seligkait.

Der Jüngling:

Lieber Vatter, jetz merck ich wol, das mehr zum Kriegen gehört, als mir mein Stallmaister fürgeben hat, [11ᵇ] vnd mueß gleich lachen, so ich daran gedenck, wie mein fraibiger Secretari den Krieg außgefüert hat.

Einsibel:

Was hat er dir dann guets gerathen?

Jüngling:

Er hat mir gerathen, dieweil ich so ain stattlich ver=

mügen hab, ich solle ain Jar ober zway frembde Land
durchziehen, dieselbigen zusehen vnd etwas zuerfaren.

Einsibel:
Lieber Sun, es fält sich nit, das ainer, der weit
vnder der frembde zeucht vnd vil sicht, auch vil lernet,
aber es versteht sich so wol auff das böß als auff das
guet, vnd ist grosse gefährligkait darbey, dann ich wil dir
vnder andern Reisen in die frembde Land nur biß Ex=
empel geben: hast du lust zum heyligen Grab zuziehen, ist
nit ohn, das du was schönes da zesehen, dann was ist
schöners als die Stett vnd ort, da vnser lieber Herr vnd
Seligmacher Jesus Christus von vnsert wegen geboren, in
vilerlay weg gemartert, gecreutziget vnd gestorben ist, zu
besichtigen. Du solst aber wissen, das so offt ein Gesell=
schafft mit einander zeucht, dieselbig selten gantz widerumb
haimbkompt, sonder etliche auß jnen dahinden bleiben, one
was sy für gefahr vnderwegen zu Wasser vnd Land vber=
stehen müessen, wilst du dann andere ferrn Land, als
Welschland, Spanien, Engeland, Portugall, die Türggey
vnd dergleichen durchraisen, so kanst [12ᵃ] du gleich so
wenig ohne grosse gefahr leibs vnnd lebens durchkommen,
darumben ich bir, dieweil du ain ainiger beines Namens
vnnd Stammens, nit dar zue rathen kan.

Jüngling:
Lieber Vatter, du machest mir mit diser deiner red
ain lust vnd ain forcht, dann wann ich gedencke die herr=
ligkaiten deren sachen, so bey dem heyligen Grab zusehen,
sonderlichen die ort, da Christus, vnser Herr vnnd Selig=
macher, gemartert, gepeinigt vnd gestorben ist, so bedunckt
mich es seye mein hertz in mir gantz vnnd gar anzünbt.
Dargegen so mueß ich auch bekennen, dieweil ich ain ainiger
meines Namens vnd Stammens bin, vnd du mir die ge=
fährlichkeit der Raiß so groß machest, das ich es nit wol
wagen darff, vnnd dunckt mich schier ich werde meinem
Haußmaister volgen.

Einsidel:

Hat dir dann dein Haußmaister ainen so gueten Rath geben?

Jüngling:

Er hat mir gerathen, das ich ain feines, junges, züchtiges Fräwlein, so meinem Stand gemäß, zu der Ee nemen solle vnd fein dahaimben bleiben.

Einsidel:

Lieber Sohn, zu dem Heyraten als ainem ainigen deines Namens wolt ich dir schier ehender Rathen, [12ᵇ] dann du darbey dein gewissen am aller wenigisten beschweren, auch Gott dem Allmächtigen, dir selbst vnnd deinem Nechsten am beßten dienen kanst, dann sovil den Eestand betrifft, ist solcher von Gott dem Allmechtigen eingesetzt, vnnd darneben der siben Sacrament ains, wie auch die heylig Schrifft den Eestand an mehr orten, so ich kürtze der zeit halber jetzo zuerzelen vnderlasse, rhüemben, loben vnd preysen thuet, du auch sonder zweifel bey beschehnen zusamengebungen auff den Hochzeiten vnd Predigen durch die Priester wol vernommen wirst haben, welchen auch Christus der Herr, auff der Hochzeit zu Cana Galilea nit allain mit seiner Persönlichen gegenwürtigkait, sonder auch mit seinem ersten Mirackel, als da er Wasser in Wein verwandlet, geziert vnd geehrt hat, darauß wol abzunemen, das der Eestand Gott dem Herrn wolgefellig, in welchem auch der Mensch ain Gott angenembs vnd wolgefelligs leben rhüebiger vnd besser als in ainem andern Standt füeren kan, dann dieweil dir Gott der Allmechtig gelt vnd guets genueg auff diser Welt geben, kanst du solliche gaben inn dem Eestand besser als durch Hofdienst, Kriegen oder frembde Land durchwandern anlegen vnd das Himmelreich erlangen, auß vrsachen: wir wissen das die siben Werck der Barmhertzigkeit ein schlüssel zu eröffnung des Himmels sein, wo wilst du die besser als im Eestandt vnd da du bahaimen bist verrichten. Dann fürs erst kanst du die armen Hungerigen spei=[13ª]sen, zum andern die Durstigen trencken, zum dritten die Pilgram beherbigen, zum vierdten die Nacketen klaiden, zum fünfften die Krancken haimb=

suechen, zum sechsten die Gefangen erledigen, zum sibenden
die Todten begraben laſſen, vnnd solliches sein alles sachen,
die du nit deinem Nechsten allein zu guetem erzaigt, sonder
auch Chriſtus selbſt, als der, was man dem wenigiſten
vnder den seinigen gethan, jhme selbſt gethan sein solle
gesprochen. Vnd also dardurch auch deiner Seel seligkait
gedient, aber das will ich dir gesagt vnd darneben ge=
warnet haben, das der böse Feind durch böse Leut, wo er
die guete Werck waiſt, nit feyren thuet, wie er solliche
verhindern möchte, als solliches die siben Todsünden, so
schier am maiſten im schwung gehen vnd vom gueten ab=
wendig machen, beweisen thuen. Dann da zeucht am
erſten die Hoffart, der niemand guet genueg sein kan,
daher gibt dir ein, weil du so hocher herkommens vnd
Reich, so solleſt du dich zu beines geleichen vnd zue groſſen
Herrn gesellen, vnd kain gemainschafft mit den armen,
schlechten Leuten machen, da kanſt du dich dann nit schön
vnnd prächtlich genueg klaiden, es mueß alles doppelt
Seiden auff Seiden, das geringer vber das Coſtlicher, als
Seiden vber Guldenstuck, vnd dermaſſen zerſtochen vnd
zerschnitten sein, damit man nur genueg verschwenden vnd
hernach die Claider, wann ſy schon nit abgetragen, nichts
mehr nutz sein künden. Die Ketten künden nit groß vnnd
schwer, die Cragen oder Kreß nit lang genueg sein, da
man wol auß ainem ain [13ᵇ] gantz Hemmat machen
künde, da thuet man allerlay seltzame Klaidung, Hüet,
Pareth, Röck vnnd Schuech erfinden, die Bärt vnd Haar
müeſſen auff manicherlay weiß gemacht, gepifft vnd gezigelt
werden, da sicht ainer ainem Affen, der ander ainer Gaiß,
der brit ainer Laruen vnd dardurch mehr ainem götzen
als ainem menschen gleich, darunder dann die Frawen
vnnd Junckfrawen, die mit disem Laſter der Hoffart mehr
als die Männer befleckt seind, auch begriffen. Kombt es
dann zum letſten End, vnd aines schon gern Rew vnd
Laid hette, so kompt alßdann der böß feind vnnd macht
aines mit seinem fürbilden der Hoffart inn dem gewiſſen
so irrig, das ainer gleich im zweyfel der Götlichen barm=
hertzigkeit ſtehet, vnd wann es wol gerath, in das Feg=
fewr der Bueß kombt.

2*

Jüngling:

O lieber Vatter, ob ich schon jung vnd vnerfahren, so mueß ich doch mit der Göttlichen warheit bekennen, das es laider nur gar zu wahr ist, dann wie ich von meinen Eltern seligen gehört, so haben sy noch Claydungen von jren Anherrn gehabt, vnd ob gleichwol mein Vatter seliger vermüglich, so seind dannocht die Claidungen nit also zerschnitten vnd verderbt gewesen, das man dieselben, dieweil sy zu Ehren gemacht worden, nit wider brauchen mögen, wie ich dann selbster in meinen Kirchen etliche Meßgewandter gefunden, so auß meiner Vorelbtern Klaidung gemacht worden.

[14ᵃ] Ainsibel:

Lieber Sohn, es ist darumben noch nit gar, ich hab dir noch wol mehr zusagen, als nemblich von dem Geiß, welcher (wann er den Menschen vbergehet) jhne dermassen gefangen nimbt, das er seiner selbs nit mehr mechtig ist, darff jme nit genueg essen noch trincken, wil geschweigen das er ainem Armen etwas mitthailet vnd, thuet er schon ein Almuesen, so geschicht es mit so schwerem gemüet, das er schlechten verdienst darburch erlanget, die armen leut vnd vnterthanen müessen vmb jren schwaiß vnnd bluet ge= schunden vnnd geplagt werden, nimbt jhm auch kein ge= wissen, wann er durch grossen Wuecher seines gelts sich noch mehr bereichet, fallen dann thewre Jar ein, so ließ er seine arme Leut ehender sterben vnd verderben, dann das er jhnen die wenigiste hülff thette, sonder thuet auff noch mehrer thewrung warten, so bleibt der Geiß inn Kauffmans handlungen auch nit dahinden, da thuet man das gewissen auff ein ort setzen vnd suecht allerlay renck wie man den Nechsten vberlüstigen kůnde, da mueß Interesse vber Interesse gegeben werden, vnd was sy für verlegne waarn, es sey an Wein, Vich, Trait, Schmaltz vnnd anderem, das schlagen sy ainem an pargelt statt an, vnd alles doppelt, deren man hernach nit geniessen oder ver= kauffen, ja zuletst gar hinweck werffen mueß, darzwischen gehet das Interesse immer fort, wie dann dergleichen dem Geiß anhenige sachen noch vil mehr seind, also daß das

gelt gleich aines [14ᵇ] Menschen Gott wirdt, kombt er
dann inn gefahr, als durch Krieg oder Brunst, so nimbt
er souil er kan ertragen seines gelts zue sich, schlepts mit
jhm hin vnnd wider, wie ain geitziger Hund so ain stück
fleisch in dem Maul tragt, vnd darf es nit niber legen
auß forcht, das jme ain anderer das nemen möchte, hülfft
dann dasselbig nit vnnd inderst mehr auß waist, so erzürnet
er sich, darauff volgt die verzweyflung, ainer erhenckt, der
ander ertrenckt sich, der britt verlaugnet Gott gar, vnd
ergibt sich dem bösen Feind gantz vnd gar, mit Leib vnnd
Seel. So findt man auch zum thail Leut, so Gott nit
vor augen haben, sich allain der Welt wollust befleissen,
vnd sich in die sünd der Vnkeuschait nit allain mit ledigen,
sonder auch mit Eelichen Personen in werendem Pandt
der Ee haimblich vnd offenlich begeben, vnd die, so es
haimblich, thuen wunderbarliche seltzame lüst vnd renck
suechen, wie sy sollichs vnzüchtigs leben in der still ins
werck richten, derselben auch allwegen als der frommen
zufinden, wie ich dir dann solches wol weitleuffiger auf=
spüeren wolt, ich thue aber deiner als eines jungen Manns,
vor dem man solliche sachen nit vil reden solle, verschonen,
das wil ich aber dir wol vermelden, wie durch die vn=
keuschait nit allain die Seel beschwert, sonder auch der leib
durch manicherlay Kranckhaiten, so darauß eruolgen, ver=
derbt, deßgleichen wie das sprichwort lautet, nachdem die
lieb kainen gesellen leyden will, vnder sollichen leichtfertigen
gesellen kainer den andern [15ᵃ] nichts vergonnen, warten
ainander für vnnd schlagen ain ander gar zu tod, das
ainer also in seinem sündlichen fürnemen ohne alle Beicht,
Rew vnd laid dahin stürbt vnd in abgrundt der Höllen
fart, alßdann vberkompt er ain vberauß schöne Praut,
darbey die Teufel auch jren Tantz haben.

Jüngling:

O mein lieber Vatter, hört auff von sollichen er=
schröcklichen sachen zureden, jhr macht mir schier die weil
lang, das ich mich gleich (Gott geb was ich mir fürneme)
fürchten mueß.

Ainsidel:

Lieber Sohn, hab ein klaine gedult, ich wil dich nit mehr lang auf halten, dann allain noch drey Todsünden verhanden, so ich dir auff das kürtzest erzelen vnd außlegen wil: als der Neid, Faulkait vnnd gefressigkait. Dann der Neid ist ain grosser grewl vor Gott, welches daher ab= zenemen, weil Gott selbst auß lauter lieb zue vns auff die Welt herab kommen vmb vnserer erlösung willen, vns ain Exempel zegeben, damit wir vnder vns auch ain ander lieben sollen, welliche lieb bey vns aber gantz vnd gar erkalten, dessen ich dir vnder vilen anderen vnzelichen nur dises ainiges Exempel geben will, als nemblichen: Ist ainer inn seines Herrn gnaden, so seind bald dargegen zwaintzig da, die jhne auff das eusserist beruolgen vnd trachten tag vnd nacht, wie sy ai=[15ᵇ]nen wider in vn= gnaden bringen vnd von Sättelein herab stossen möchten, da mueß ainer ain Fuchßschwantzer, ohrenblaser vnd für= trager sein, fragen nichts darnach wann Sy nur jr vor= haben zu End bringen, ob es mit des Herrn Nutz ge= schehe oder nit, wöllen doch auch für getrewe Diener gehalten werden, darauß dann eruolgt, das sy jrer Aid vnd Pflicht vergessen vnnd darnach ohn alle scheuch Schandungen Einnemen, sich Schmieren lassen, gleich wie der Fuerman das Rad, wellicher dann besser Schmirbt, der kompt bälder fort, darburch thuen Sy jhren Herrn zu vnrechten Rathen vnd bewegen, also macht man gleich ein Kauffmannßschafft darauß, vnd wellicher mehr herauß kan bringen vnd pressen, der ist der best, als wann man in ainem krieg Prandtschätzen thuet, ich wolte dir wol andere gleichnussen geben, so will ichs kürtze halben bleiben lassen, vnnd auff die Secretari vnnd Schreiber kommen, du muest mich aber recht verstehen, ich vermaine darumb nit alle. Wann dann die Secretari vnd Schreiber zu Morgens in die Cantzley gehen vnd jre Prachssen herumb schwingen, wissen Sy nit, wie Sy stoltz genueg herein tretten sollen, da sehen Sy auff dem Marckt vor jhnen die gueten Schnappissen hangen, darnach jhnen das Maul wässert, vnd haben kain Ruhe, sondern trachten wie Sy es in jr Kuchen bringen, doch wenig Gelts von den jrigen dar=

umben außgeben, dann die Besoldung wurde es jhnen nit
außtragen, da sein dann die Par=[16ᵃ]theyen, so solches
mercken, vor der Cantzley verhanden, warten fleissig auff,
wolten geren vor den Armen befürdert werden, alßbann
gehet es an ein schicken in jre heuser, wann anderst etwas
guets auff dem Marckt verhanden, barburch bann die
Armen gehindert vnd die Reichen vor jhnen befürdert
müessen werden, vnangesehen das dieselbigen das warten
besser als die Armen vermöchten. So sparen Sy es mit
dem gueten Wein auch nit vnnd wann man also in das
wolleben kombt, volgt die Faulkait darauff, kans zu Morgens
niemand auß dem Beth bringen, kommen spat in die Cantz=
ley, sitzen Sy zu Morgens beim Essen, so kommen Sy
vngern von den gueten bißlein. Deßwegen dann abermals
die Armen Partheyen auffgehalten werden, welches sambt
den oberzelten sachen den gueten Wercken ain verhinderung
bringen, vnnd darumben, mein lieber Sohn, wil ich dir
hiemit gleich schließlich rathen, das du vnder allen deinen
fürgeschlagnen wegen dich inn den Eestandt begeben hettest,
vnnd weil du vngefahrlich der Welt lauff, guets vnd böses,
von mir vernommen, wil ich dich auch vermanet haben,
die weil du von Gott mit Reichthumb vnd Guet vberflüssig
versehen, das du beine sachen allhie auff diser Welt der=
massen anstellest, wie es dann gar wol sein kan, damit du
dessen, was dir Gott geben, mit guetem gewissen niessen,
allhie seligklich sterben vnnd dort inn jhener Welt die ewig
Seligkait erlangen mögest.

[16ᵇ] Jüngling:

Das verleyh vns Gott der Allmächtig allen mit=
einander vnnd thue mich gegen Euch des trewen Raths,
auch der hailsamen lehr vnd vnderweisung, so jr mir geben,
bedancken, will auch Gott den Allmechtigen trewlich bitten,
das er mir gnad wölle verleyhen, barmit ich Ewrem Rath
vnd demjenigen nachkomme, so meinem Herrn vnnd Lands=
fürsten gefellig, meinem geliebten Vatterland zu guetem,
vnnd mir an Seel vnnd Leib zu nutz kommen mag.

Ainsibel:

Lieber Sohn, dieweil du in disem gueten fürnemen bist, so wölle dich Gott der Allmechtig darinnen stercken vnnd bestettigen, ich will auch sein Allmechtigkait, damit du also verharren mögest, trewlich für dich bitten, der Segen Gottes vnd das heylig Creutz wölle dich vor allem vbel bewaren.

[17ᵃ] **Der ander Actus.**

Ist das erste Werck der Barmhertzigkait: als die Hungerigen speisen, mit der ersten Tobsünd: Superbia, der Hoffart, darbey zumercken, wann man schon ain guets Werck thuen will, dasselbig zuuerhinderen der böse Feind sich jeder zeit befleissen thuet, wie dann dergleichen Personen, darburch solliches beschicht, hernach gemainiglich in der straff Gottes absterben.

Das hoffertig Weib kompt zum Mann auff den Marck vnd spricht:

Mein Herr, was macht jr da vnder den stinckenden sachen, es verderbt ains nur die klaider darbey, vnd thuen darnach stincken, gehen wir lieber spaciern in einen schönen Garten, da wir vns bey den schönen wolriechen Röslein vnnd Blüemlein erlustigen mögen.

Der Herr:

Mein Weib, du waist nit was du redest, vnnd auß was vrsachen ich daher gangen, des ich dir wol sagen wil, nemblichen: Nachdem diß Jar durch mißrathung allerlay gewächs, so zue der täglichen Narung gehörig, grosse teurung eingefallen, so ist bennocht Got zeloben, das man noch täglich allerlay auff dem Marcht zuerkauffen herein bringt, wie wir dann da vor augen sehen, [17ᵇ] du magst aber wol gebencken, wieuil armer Leut, so solliches zukauffen nit vermögen, sich deß Hungers nit erwöhren können, vnd darob wol gar ellenbigklich zu boden gehen vnd sterben müessen, das mich dann nit wenig zu Christlichem mit=

leyben bewögen thuet, wie dann kain tag im Himmel hingehet, das wir die fürnembsten von der Statt nit zusamen kommen vnd beratschlagen, das man der Armen Gemain zuhülff kommen möchte.

Weib:

O mein Herr, wie mügt jr Euch vmb solliche sachen bekummern, wann wir in vnserem Hauß genueg zu essen vnd zu trincken haben, was dörfft jr Euch vmb andere leut annemen.

Herr:

O liebes Weib, ich sihe wol das du dich vmb die armen Leut wenig bekummern thuest, sonder nur deiner stinckenden Hoffart (die ich dir nit abziehen kan) außwartest, jederman thuest du verachten, gedenckest nit das vnser lieber Herr Jesus Christus, als er auff diser Welt gewesen, sich der Armen in sonderhait angenommen, dann wie der Euangelist Johannes am sechsten schreibt, da er vber das Galileische Meer fuer, vnd jhme vil Volcks, als fünff Tausent Männer, nachuolgeten, Sy aber nichts zu Essen hetten, erbarmet sich Jhesus vber sy vnd schueff, das Sy sich nider setzeten, es ware aber nit mehr verhanden als fünff Gersten Brot vnd [18ᵃ] zwoen Visch, also nam Jesus die Brot vnd, wie er danck gesagt het, thailet Er sy auß, denen die sich gesetzt hetten. Deßgleichen auch von den Vischen, wieuil als sy wolten, da sy aber sat waren, sprach er zu seinen Jungern, leset die vbrigen stücklein zusamen, das nichts verloren werde, da sambleten Sy vnd fülleten zwölff Körb mit Stücklein von den fünff Gersten Broten vnd zwayen Vischen, die vbrig bliben waren, darauß Christus vns zuuerstehn geben wöllen, was man den Armen thuet nichts daran verloren werde, sondern man nur daran gewinnet, wie solches an den zwölff Körben (so vil mehr als die fünff Gersten Brot vnd die zween Visch gewesen) abzenemen, Gott auch durch sein Allmechtigkait dann täglich solches gegen vns armen Sündern erzaiget, noch sich das liebe Getraid, vnd was sonst zu deß Menschen Narung auff dem Feld wechst, nit allain im säen, wachsen, maalen, wunderbarlicher weiß mehret, das doch Menschlicher vernunfft nach, wann man auf dem Feld die außthailung machen solte, nit müglichen were, souil Völcker auff der Welt zu vnderhalten, vnnd dises alles nit allain den Menschen benüeget, sondern auch das vberbleibend dem Vich vnd geuögel zu guetem kompt.

Weib:

O mein Herr, vermainet jr, jhr wolt es Gott nachthuen, so ziecht ewer Hosen vnd Schuech ab, vnd gehet Parfueß, es wirdt euch aber bald verdriessen.

[18ʰ] **Herr:**

Du bist ain böse hoffertige stinckende Närrin, es hülfft doch nichts an bir, wann ich weiß red, so sagst du schwartz, ich mag gleich nichts mehr mit dir anfangen, vnnd will mich deine Reden nichts irren lassen. Knecht, gehe hin vnd, wann du arme leut findest, so laß Sy für mein Hauß kommen, so wil ich Sy speisen lassen, damit du mich aber recht verstehest, so main ich nur die Haußarmen leut, vnd sag mir darnach, wieuil du deren zusamen bringen kanst, damit ich darauff die außthailung machen künde.

Knecht:

Juncker, ich hab E. Vest wol verstanden, ich will E. Vest beuelch fleissig nachkommen.

Weib:

Eya, mein Herr, dieweil jr dann souil vberiges Gelt habt, so gebt mir auch das ich mir etwas kauffen künne.

Herr:

Was gehet dir dann ab? hast du nit alles genueg, was du zu deiner notturfft bedürfftig bist? sag was wilt du mehr haben?

Weib:

Mein Herr, ich wolt mir gehen ein Rot Samattins par Pantoffel machen lassen, vnd guldene Röslein darauff, fürs ander ein Silberens Käcbelein, vnnd ein vergultes Papir darzue.

[19ᵃ]　　　Herr:

Schweig still mit deinem hoffertigen vnuerschembten begern, schämb dich in bein hertz hinein. Schweig, oder ich schlag dich ins gesicht.

Der Herr sagt zue den Haußarmen Leuten:

Lieben leut, ich waiß wol, das jr bey diser Teweren zeit grossen mangel, auch hunger vnd not an täglicher Narung leidet, derhalben ich auß Barmhertzigkait nit vnderlassen künden, Euch mit disem wenigen, damit jr auch zuleben habt, zubedencken, derohalben nembt hin, vnd habt also mit disem wenigen verguet, dancket Gott dem Allmechtigen vnd last mich Euch in Ewerem gebett beuolhen sein, vnd ob ich Euch wol ein mehrers geben kundte, so mueß ichs, dieweil der Armen leut mehr, vnder dieselbigen auch kommen lassen.

Der Priester kombt zu der Krancken Weibsperson vnd spricht:

Grüeß Euch Gott, mein Fraw, Ewer Kranckhait ist mir hertzlich laid vnd habe als ain vnwürdiger Seelsorger auß Christlichem mitleyden nit künnen vnderlassen Euch inn Ewrer Schwachait haimbzesuechen, ob ich Euch villeicht hierinnen etwas dienen vnd rathen kündt, wie ich dann (vermüg meines tragenden ambts) allzeit vrbittig vnd willig bin.

[19ᵇ]　　Die Kranck Weibsperson:

Ach mein Herr, Gott sey Ewer Ehrwürd Reicher belohner, das dieselbige ein Christliches mitleyden mit mir tregt, vnd als ain trewer Hirt das irrende, verfuerte vnd vom Wolff schon halb zerbißne vnnd zerrißne Schäflein besuechen wöllet, dann allhie lig ich freylich vnder vilen tausent Wölffen, das ist vnder meinen Todsünden, deren mehr sein als der sand im Meer, die mein gewissen auff allen seiten wie die grimmigen Wölffe angreiffen, vnd vnder souilen hundert Teuflen, die meiner Seelen wie die wuetenden Bern hefftig zusetzen, das ich mich auff das eusserist besorge, es sey meiner weder hülff noch rath, sonderlich aber tobet vnd wůetet wider mich mein begangne hoffart, die ich nit anderst als der Reiche Mann, welcher in der Höllischen gluet begraben ligt vnnd nit ein Tröpflein wasser auff sein zungen bekommen kan, inn meinem gangen leben getriben habe, mit herrlichen Klaidern, scheinbarlichen geberden, prechtigen worten, verachtung anderer leut vnd der Armen, grosser anzal gesúndes, vnd allerlay vbermuet, sonderlichen aber mit aufgeblasnem vnd geschwolnem hertzen, welliches Gott fúrnemblich ansihet. Dieweil ich dann weiß vnd offt inn der Predig gehört hab, das Gott der Hoffart auffs grewlichist widerstrebe, auch dieselbe an dem aller schönsten Engel im Himmel nit leiden kũnnen, sondern denselben mit erschröcklichem zorn hinunder inn tiefen abgrundt der Höllen gestürtzt, geschweigen dann, [20ᵃ] das er sy widerumben hinauff lassen solt, trage ich grosse sorg, meine grosse Sünden werden schwerlich bey Gott gnad vnnd verzeihung finden, ja wiewol mir bewißt, das Gottes Barmhertzigkait ohn endtlich vnnd an derselben niemand verzweiflen soll, ich auch hertzliche Rew hab meiner wider Gott begangnen Missethaten halben, so dunckt mich doch nit anderst, mein leib vnd Seel, marck vnd bain, hertz vnd gemüet empfinden allberait den Rauch, gestanck vnd flammen des ewigen Fewrs, o wee, wee meiner armen betrüebten Seel vnd gewissen! Ach, mein Herr, wißt jhr aber mir ein ainigen Rath vnd mittel der Seligkeit zuzaigen, so thuets vmb Gottes willen, von mir soll ohn alles wider reden auffs aller gehorsamist vnd demüetigist Ewer trewe lehr vnd vnderweisung angenommen vnd gehalten werden.

Priester:

Fraw, seyt getröst, dann Ewere sachen stehen (ob Gott will) besser als jrs selber maint vnd verstehet, dann dise grosse vnd angsthaffte beschwerung Ewers gewissens, so jr wegen der geüebten Hoffart vnd anderer begangnen Sünden halben befindet, ist nit böß, sondern ain gabe Gottes, zuuor ab, dieweil jr daneben bekennt, das Gottes Barmhertzigkait vnbegreiflich, auch von hertzen laid tragt vmb alles, was jr wider Gott den Allmächtigen gedacht, geredt vnd gethan habt, also pflegt Gott als der rechte Samaritan dem armen abgezognen vnd halb erschlagnen Menschen Wein vnnd öl in [20ᵇ] seine Wunden zugiessen, das ist die Sünder mit Rew vnd laid zuengstigen vnd darneben mit hoffnung vnd zuuersicht Göttlicher gnaden vnd des ewigen lebens durch seinen bittern Tod vnnd fröliche Auff-erstehung zutrösten vnnd zuerfrewen. Derohalben so ge-denckt nit allein, das ewere Sünden vnzelich vnd groß seind, sondern auch, das die Reichen verdienst, Nemblichen die selige Menschwerdung, müße vnnd arbait, schand vnnd spott, hunger vnnd durst, hitz vnnd kälten, angst vnd bluetigen Schwaiß, Wunden, Creutz vnd bitterer Tod Jesu Christi, vnsers Herrn vnnd Seligmachers, nit allain Ewere sünden, sondern aller Welt missethaten, so weit vbertreffen, als die gantze Welt vbertrifft vnd hinwigt ein klaines Sonnenstäublein, vnd sonderlich habt in acht, das seine tieffe vnermeßliche vnnd grundtlose demuet ewer vnd vnser aller Hoffart gleich wie ein tieffes Meer verschlunget vnd ertrencket, souerr jr nun biß glaubt, so gedenckt das Gottes Sun nit allein zu andern, sondern auch zu euch sage: Also hat Gott die Welt geliebt, das er gab seinen ain-gebornen Sun, auff das ein jegklicher, der an jhne glaubt, nit verloren werde, sondern das ewig leben habe, darumb so ferr jhr bisem meinem bericht stat vnnd glauben gebt, so macht euch als ein gehorsames kind der heyligen Catho-lischen Kirchen gefaßt zum heyligen Sacrament der Bueß vnd der heyligen ölung, beichtet ewere Sünd mit war-hafftiger Rew, vnnd da euch Gott der Allmächtig von [21ᵃ] diser Kranckheit auffhülfft, gueten fürsatz, ewer leben zu-besseren, laßt euch speisen vnd trencken mit dem Himmelbrot des wahren Leibs vnnd Bluets Jesu Christi, vnsers Er-lösers, so wirdt ewer verwundt gewissen gehailt vnd ewre betrüebte Seel getröst vnd jr von Gott zu gnaden an-genommen werden wie Maria Magdalena, da sy auß rechtem Glauben vnd bueßfertigem hertzen dem Sune Gottes zu seinen Füessen fiel vnd dieselbigen mit jhren zähern netzet vnnd mit jhrem Haar trücknet, so hat der trewe Hirt vnnserer Seelen an seinen Schäflein, so mit schwerer Kranckheit beladen, sonderliches getrostreiches gehaimbnuß, Nemblichen das Sacrament der letzten ölung, verordnet, dardurch die angefochtnen vnd gleich wie mit dem Tod ringende hertzen, geistliche sterck vnd gnab empfangen, wider die anlauff vnd stürm des bösen Feinds, auch verzeyhung jrer hinderstelligen Sünden erlangen vnd offtermals, souerr es jnen seligklich, gesundthait jres leibs erhalten, wie dann solches der heilig Apostel Sanct Jacob reichlich in seiner Epistel beschriben hat. Volget Fraw, so werden alle schwere gedancken durch Gottes gnab eintweder gar verschwinden oder aufs wenigist leichter werden vnd wol zuertragen sein.

Krancke Weibsperson:

Ach mein Herr, dieweil jhr mir solliches an Gottes stat fürhaltet vnd trewlich rathet, will ich gehorsamlich volgen vnnd alles verrichten, was Gott gebotten hat [21ᵇ] vnd in der heiligen Christlichen Kirchen gebreuchlich ist, Gott verleyhe mir darzue sein gnab vnd beystandt.

Das Gesang der Engel, weil sich die Krancke Weibsperson mit den letsten Sacramenten, als dem Fronleichnam vnd der ölung versehen laßt:

Tanquam aurum in fornace probauit, et quasi holocausti hostiam accepit illos, et in tempore erit respectus illorum. Sap. 3

Auff Teutsch:

Wie das Gold im Schmeltzofen beweret, also hat Gott die frommen beweret, vnd hat sy angenommen wie ain Brandtopffer, zue seiner zeit aber wirdt er auff sy sehen.

Die Krancke Fraw nach empfahung der Sacramenten spricht:

Dem Allmechtigen Barmhertzigen Gott sey lob, ehr vnd banck gesagt, der mir durch seine heilige Sacramenta mein betrüebts hertz erquickt, die schweren anfechtungen des Teufels gelindert vnd meine grosse sünden, wie ich guter starcker hoffnung bin, vmb seines Suns willen von mir genomen, also das ich mich gewißlich versihe, durch Gottes barmhertzigkait, wo nit aller zeitlichen, jedoch der ewigen straffen zu empfilhen, vnd wann mein stündlein kommen wirdt, mit dem lieben Simon zusagen: Herr, nun lassest du deine dienerin in friden faren, dann meine augen haben gesehen beinen Hayland.

[22ᵃ] Der Priester:

Amen, mein Fraw, das verleyhe vns Gott, vnnd verrichte volend in Euch sein Werck, wie ers angefangen hat.

Darauff greifft die krancke Fraw in die Züge, vnd spricht der Priester:

Fraw, erinnert Euch, was jr von mir gehört habt, vnd sprecht in Ewrem hertzen: Jesu, mein trewer Gott vnd Erlöser, erbarme dich meiner, vnnd laß deinen Tod mein leben sein! O du allerseligiste Junckfraw Maria vnd alle liebe Heyligen, bittet für mich!

Die Seel der verstorbnen Frawen im Jegfewer spricht:

Ach, ach, mein Gott, Erschöpffer vnd Erlöser, was grosse Qual, vnaußsprechliche Marter vnd vnbegreifliche pein leibe ich in diser Fewer gluet vnd Flammen, kaine vernunfft kan es begreiffen, kain zung außsprechen, auch kain Menschliches hertz auff dem Erdboden glauben, was ich an allen meinen krefften, damit ich dich meinen Gott erzürnet habe, mueß leyden vnnd schmertzlichen empfinden. Ach, het ich in meinem zeitlichen leben dich mein Gott mehr geliebt, meinen Nechsten nit so grewlich geergert vnd der Sünden der Welt vnd dem laidigen Sathan mit gebanden, worten vnd wercken, sonderlichen der Hoffart niemals gebienet! [22ᵇ] Ach mein Gott, gebencke doch an dein grundtlose barmhertzigkait, sihe an den bluetigen Schwaiß vnd bittere Angst beines allerliebsten Suns vnnd alles, was derselbige von Juden vnd Hayden jemals erlitten hat, vnd erlöse mich auß disem fewrigen Pfal vnnd vnbegreiflichen hertzenlaid. Amen, du allergüetigister Gott, komme balb, Amen.

Der Engel tröstet, sy vnd spricht:

Sey getröst vnd gedultig, du außerwölte vnd von Gott tewer erkauffte Seel, dann das leyden diser zeit ist nit zuuergleichen mit der vnaußsprechlichen herrligkait, die an dir kürtzlich wirdt offenbar werden, wie du auff jhener Welt auß Gottes wort offtermals gehört hast, es ist noch vmb ein klaine zeit zethuen, so wirdt sich dein hertzlaib in Frewden, dein wainen in trost, dein ellend in grosse himblische Ehr verwandlen, du aber mit allen lieben Englen vnnd Heyligen Gott deinen Herrn ewigklich loben vnd preisen, dann das raine, unbefleckte, hochheilige vnd vberauß angeneme Opffer des wahren Gott, leibs vnd bluets Jesu Christi, so man täglichen in der streitbaren Kirchen für dich vnnd deines gleichen helt, so wol das Gebett der gantzen Christenhait wirdt das hertz deines Gottes endtlich erwaichen. vnd zu deiner Erlösung bewögen. Amen, das verleyhe dir Gott, Amen.

[23ᵃ] **Der dritt Actus.**

Ist das ander Werck der Barmhertzigkait: als den Durstigen zutrincken geben, mit der anderen vnd dritten Todsünd: Ira et Auaritia, Zorn vnd Geitz, wie auch die verlaugnung Gottes vnnd die verzweyflung, so darauß erfolgen, mit Höllischer ewiger straff belont werden.

Der erst Durstig:
O lieber Gott, wie dürst es mich so hart!

Der ander Durstig:
Es dürst mich warlich auch, wir wöllen dorten zu dem negsten Brunnen gehen.

Der erst Durstig:
Was ists, wann wir schon lang dahin gehen, ist es doch ain Schöpffbrunn, vnnd wir seind Krump vnnd Lamb, künnen vns kain wasser herauff schöpffen.

Der ander Durstig:

Ey, lieber Gesell, kummer dich nichts, laß vns nur hinumb gehen, etwan kompt ein gueter frommer Mann, der sich vber vns erbarmet.

Der Herr ersihet die Armen vnd spricht zu seinem Knecht:

Lieber Hanns, was seind dort für Leut bey dem Brunnen?

[23ᵇ] Der Knecht:

Vester Juncker, ich halts für arme Leut, die gern Trincken wolten.

Der Herr:

Ich habe mein tag gehöret, das es ain Werck der Varmhertzigkait sey, den Durstigen trincken zegeben, darumb wil ich selbst hingehen vnd sehen, was jr begeren sey.

Der Herr spricht den armen Leuten zue vnd sagt:

Gott grüeß Euch, jr armen Leut, was macht jr da guets? ich glaub jr wolt gern trincken.

Die armen Leut:

O lieber Herr, wir seind arme Presthaffte leut vnd wolten gern trincken, können aber, dieweil wir Krump vnd Lamb, vns selber nit helffen, haben auch niemand, der vns auß disem Brunnen ain wasser Schöpffet, damit wir vnsern Durst löschen könden.

Der Herr:

Verziecht, lieben Leut, ich wil Euch bald helffen.

Der Herr sagt zu seinem Diener:

Hanns, nimbe hin mein Rock vnd Wehr, diser armen Leut ellend thuet mich erbarmen, ich wil jnen gleich selbs das Wasser Schöpffen.

[24ᵃ] Die armen Leut dancken:

O lieber Herr, der Allmechtig Gott, der aller gueter

Werck ain reicher belohner ist, wölle Euchs tausendfeltig wider vergelten vnd vor allem vbel bewaren.

Der Herr spricht:
Lieber Hanns, wie ist mich dise arbait so gering ankommen, vnangesehen das bie Wasser Emer zimblich schwär sein, ich glaub frey das mir Gott (als der dem gueten allzeit beystendig vnnd hülflich ist) sondere sterck darzue geben, ich will gleich noch ain wenig warten, ob vileicht mehr arme Leut kämen, denen ich helffen vnnd etwas guets thuen kündt.

Ain reicher Kauffman kompt, redt mit jme selbst vnd sagt:
O, es wirdt nicht recht zuegehen, dann vorgestern, als es in vnser Gassen nahent bey mir gebrunnen, habe ich ain Bässel mit Geld, dasselbig zuerhalten, in den Brunnen, da bise Leut stehen, geworffen. Sy werden es gewiß schon außkundtschafft haben, wann Sy es anderst nit schon herauß genommen, wie thet ich all meinen sachen, ich wils wagen vnd zu jhnen gehen.

Er gehet zum Brunnen vnd sagt zu seinem Nachbern:
Lieber Nachber, was thuest du da bey bisem Brunnen?

[24ᵇ] Der Nachber:
Lieber Freund vnnd Nachber, als ich meinen Geschäfften nachgangen, habe ich arme Leut bey dem Brunnen funden, bie sein Durstig gewesen vnnd, weil Sy lamb vnd krump vnnd jhnen selbst nit helffen künnen, hab ich mich vber Sy erbarmet vnnd jhnen selbst das wasser geschöpfft vnd, weil es mich so gar leicht ankommen, gleich warten wöllen, ob etwan mehr leut kämen, denen ich helffen kundt, dann mich dunckt, solliche arbait komme mich senffter an, dann bein Gelt samblen.

Der reich Kauffman:
O mein lieber Nachber, du thuest mir warlich vnrecht,

wo wolt ich das Gelt samblen, du vnd alle Nachbern solten es an meinem täglichen thuen vnnd wesen, auch an meinen Klaibungen wol spüren vnnd mercken, das ich arm bin.

Herr:

Schweig, es ist ain alts Sprichwort, das dise, so am Reichisten sein, sich am Ermisten stellen, vnd wann mans beym liecht sehen wil, so sein Sy wol die Ermisten, dann Sy essen vnd trincken jhnen nimmermehr genueg, man waist aber wol das du Gelt hast. Dann wann ain gueter Ducaten oder Cronen verhanden, so lassest du sy gewiß nit dahinden, Sy müessen außgewechßlet sein, vnd wann jr also ainen gueten hauffen zusamen bringt, so versteckt jhrs hin vnnd wider inn die Winckel, leydet [25ᵃ] angst vnnd not darbey. Derhalben jhr billich Armselige leut, vnd wirdt doch zu letst ewr Gelt einem andern zuthail, dem jrs nit vermaint.

Der reich Kauffman:

Man zeicht vns offt vil, das nit ist, du machst mir mein hertz recht schwer, das ich gleich auß meinen sachen nit kommen kan.

Herr:

Lieber Nachber, ich hab birs am hergehen wol an= gesehen, das dir nit recht ist, sonder schwermüetig bist, vertraw mir dein anligen, kan ich dir helffen, so wil ichs gern thuen, souil mir müglich ist, ich verhoffe auch, du habest bißher an mir allzeit einen trewen Nachpern gehabt vnd gespürt.

Reich Kauffman:

Weil du dich dann alles guets gegen mir erbeutst, so wil ich birs gleich vertrawen, du waist dich zuerinneren, das es vor dreyen tagen inn vnser Nachberschafft ge= brunnen, vnnd biemeil ich ein wenig ein Gelt beyeinander gehabt, hab ich es in ein Bässel eingeschlagen vnd damit, wann das Fewr inn mein Hauß kommen wäre, ichs nit verlur sondern versichert, in disen Brunnen geworffen, das ichs allwegen wider haben künde, wie ich dann dise zween

tag vnd nacht, allemal darzue gangen, ob es noch ver=
handen were, daſſelb auch biſe zuekunfftige nacht erheben
wöllen, weil ich aber eben jetz dich bey [25ᵇ] dem Brunnen
fünden thue, habe ich bey ſorg gehabt, du möchteſt etwan
das Väſſel erhabt haben.

Herr:
Mich nimbt wunder, das du ein ſollichen argkwon
auff mich werffen ſolleſt, du vnnd alle Nachbern wiſſen
wol das ich, dieweil mir Gott mein tägliche Narung
reichlich geben, vilmehr menigklichen vnnd ſonderlichen den
Armen, nach meinem vermügen mitgethailt, geſchweigen
das ich mich vmb anderer Leut Gelt bekummern vnd dem=
ſelben nachſtellen ſolle, kan ich dir aber in diſer beiner
betrüebnuß räthlich vnd hülflich ſein, ſolle es von mir
trewlich beſchehen.

Reich Kauffman:
Dieweil ich dann vernimbe, das deme nit alſo, wie
ich geargkwont hab, ſo verzeyh mirs vnd bitte dich, du
wölleſt mich in den Brunnen hinablaſſen, ſo wil ich ſelbert
ſehen, ob mein Väſſel noch verhanden, dann das waſſer
iſt nit ſo tieff, das ich es nit gründen möchte.

Der Herr laßt ihn hinab:
Gar gern, warumb wolt ich dir nit die freundſchafft
thuen.

Der Kauffman hebt an zuſchreyen vnd ſpricht:
O mein Nachber, zeuch mich nur wider hinauff.

Der Herr ſpricht:
[26ᵃ] Hanns, mein Nachber begert widerumben herauß,
hülff mir ziehen, er iſt grauſam ſchwär.

Knecht:
Herr, ich wil gleich kommen.

Der Kauffman ſpricht:
O wee, o wee mir armen Mann! wo ſein meine bicke

Portugaleſer, doppelte Ducaten, Råbler, doppelte Cronen, Sonnen Cronen vnnd andere außgeklaubte gulbine Müntzen hinkommen? o Gott, warumb haſt du mich diſe betrüebte Stundt erleben laſſen, ich ſihe wol, das ich auff diſer Welt weder glück noch hail hab, bin auch von Gott gar verlaſſen, es iſt mir ſchon etlich mal widerfaren, das ich vmb das menig kommen bin, jetzt wirbe ich gar zue ainem Pettler. O Teufel, hůlff mir widerumb zu meinem gelt, ſo ergib ich mich dir mit leib vnd Seel.

Der Verzweifelt:
Lieber Teufel, thue ein wenig gemach, ich hab mich eines beſſern bedacht.

Der Teufel:
Nain, nain, mein Geſell, ich laß dich nimmer, du biſt ſchon mein!

Der Herr zu ſeinem Knecht:
Mein Hanß, wie iſt meinem Nachbern geſchehen, das er ſeinen Rock dahinden gelaſſen, vnd wie ein wüe=[26ᵇ]tender daruon geloffen, auch wee ober wee geſchrien, ich glaub gewiß, er werde ſein Gelt nimmer gefunden haben.

Der Herr ſpricht zu ſeinem Diener:
Schaw, mein Hanns, wie haben mich die hailoſen tropffen ſo ſchendtlich betrogen vnnd genetzt, allwegen mueß der Teufel etwas krumps darein machen, damit er eint=webers ain guetes Werck verhindern, oder das geſpött barauß treiben könne.

Knecht:
Der Herr laß nur mich machen, ich wil Sy wol bezalen.

Der vierdt Actus
iſt das dritte Werck der Barmhertzigkait: als die Pilgramb beherbergen, mit der vierten Todſünd: Gula, der Ge=freſſigkait.

Die Pilgramb gehen herumben vnd singen
nachvolgends Lied:

Welcher das Ellend bawen wöll, der mach sich auff vnd rüst sich schnell wol auff die rechten straffen. Vatter, Mueter, Ehr vnnd Guet, sich selbs mueß er verlassen.

Stab vnd Rueten mueß er han, mit Dauid mueß er einher gan im weg der Gotts gebotten, der Häfen Egypti achten nit, das flaisch darinn gesotten.

[27ᵃ] Zum rechten Brunnen mueß er gahn, die Pfützen vngetruncken lahn, will er gesundtheit pflegen. Bewar sich mit speiß die nicht zerrinn, sein bůrde mueß er tragen.

Fúr vnd fúr gang er alle tag, ohn hinder sich sehn als weyt er mag, sorg soll er lassen faren, Gott der speißt die Vögel vnd Thier, der wirbt jn wol bewaren.

Findt er ein Brueder auf der bahn, soll er jn nit lassen mangel han, sein speyß vnd tranck jhm geben, gnad vnnd Ablaß diser fart, ist dort das ewig leben.

Der Haußherr sagt zu den Pilgram:

Lieben Pilgram, was ist Ewer begeren?

Pilgram:

Günstiger Herr, wir sein ein harten weiten Weg gezogen, wolten vns auch gern widerumb ain jeder in sein Haimet verfüegen, wissen niendert kain Herberg, bitten derhalben E. V. die wolten vns ain tag oder zween beherbergen, das wir ain wenig rasten möchten, vnd etwas erbitten, damit wir weiter kommen.

Haußvatter:

Wouerr dem also, wie jr anzaigt, wil ich Euch gern ein solliche zeit beherbergen. Aber es geschicht offt, das vnder den Vilgrams Klaidern grosse Scheld vnnd Büeberey verborgen.

Vilgramb:

Das sollen E. V., ob Gott will, an vns nit erfaren.

[27ᵇ] Haußvatter:
So wartets ein wenig, ich wil Euch gleich aufflassen thuen.

Der gefrassig Knecht spricht zu den Bilgramb:
Gehet herein, jr Pettler.

Der Knecht setzt sich vor dem Hauß niber vnd sagt:
Das ist heut schon das drittmal, das ich jß, zu morgens frúe hab ich ein grosse Pfannen mit Mueß außgessen vnnd einen gueten grossen Laib brot darein geprockt, zum Mittagmal hab ich ain Suppen vnnd ain Stuck fleisch darinnen vngeferlich von fünff Pfunden gehabt, des ich alles allain auffgessen, ohne was das Kraut, Schweinenfleisch vnd die Milch ist. Item zu der Merend hab ich da ein guets Stuck Pratens, so heut von meines Herrn Tisch vberbliben, ich traw mirs auch noch wol zu essen, dann ich fúrcht zum Nachtmal werde mir nit vil von meines Herren Tisch vberbleiben, dieweil wir solliche Gest im hauß haben, dann ich waiß wol, sy werden mit meinem Herren müessen Essen, er ist wol so nötlich mit sollichen leuten.

Der Knecht spricht zu den Sani:
Ey so freßt, das Euchs hertz abstoß, jr losen Schelmben!

[28ᵃ] **Der fünfft Actus**
ist das viert Werck der Barmhertzigkait: als die Nackenden klaiden, mit der fünfften Todsünd: Inuidia, das ist der Neid.

Der Pettler spricht:
O mein Gott, wie bin ich den vergangnen Winter so hart erfroren, vnnd ob schon der Winter fürüber, so bin ich dennoch so Nacket vnd bloß, das ich mich des Vnzifers bey diser hitz auch nit entwehren kan, ach das etwan ain frommer Mann käm, der sich vber mich erbarmete vnnd mir ain Stewr mitthailet.

Der Pettler spricht zue dem Herrn:

Ach lieber Herr, thailet mir vmb Gottes willen ein heyliges Almuesen mit, ich wil Gott für Euch vnnd die Ewrigen trewlich bitten.

Herr:

Mein lieber Mann, verzeuch! ich wil dir gleich etwas geben.

Der Arm:

Ach mein Herr, wenn jhr mir etwas wenigs zu ainem Klaibl möchtet geben, damit ich mich bedecken vnd in diser hitz vor dem vnzifer kundte erwehren, were mir besser als mit dem Gelt geholffen.

[28ᵇ] Der Herr spricht zu seinem Knecht:

Ich wille jme gleich mein Rock geben.

Knecht:

Ey Herr, es ist schab, ist der Rock doch noch guet, ich wist noch wol ainen bessern Rath.

Herr:

Was ist dann dein Rath?

Knecht:

Gebe der Herr mir den Rock, so darff mich der Herr sobald nimmer klaiben, ich wil jme meinen Rock geben, er thuet jms wol, vnd er wurdt jn zu danck annemen.

Herr:

Nain, Hänsl, es ist nur ain Neid von dir, es solle ainer an den armen nichts ersparen, wie wir dann dessen ain Exempel an dem heiligen Bischoff S. Martin haben, wellicher als jme ain arme Nackete Person begegnet vnd jne vmb Gottes willen bäte nur vmb ain Almuesen, damit er seinen leib bedecken möchte, sich ober jhn erbarmet, seinen Rock von einander schnibt vnnd dem Armen dargeraicht, darumben so nimbe auch meinen Rock hin vnd gib jme

denselben vnd Neide jhn nit darumben, wir wöllen vmb=
keren vnnd ainen andern Rock nemen.

Der Arm spricht:
Vergelt Euchs Gott der Himblische Vatter, der [29ᵃ]
wölle Euch vnd die Ewrigen vor allem vbel bewaren, glück
vnd hail vnd die ewig Seligkait verlephen.

Die zwen begeren auch ain Klaibung, sagt der
Herr zu jhnen:
Lieben leut, laßts mich zufriden, es thuet doch nichts
als nur die leut plagen, hat Euch der Hencker auch inn
die Statt gefüert.

Die zwen lassen nit nach, sagt Er wider zu jhnen:
Ich sihe wol, das ich Ewr nit kan abkommen, wartet
da vor dem Hauß, ich wil ainem jedem ain klaib zum
Fenster herab werffen, nur das ich rhue vor euch haben kan.

Der sechst Actus

ist das fünffte Werck der Barmhertzigkait: als die Krancken
haimbsuechen, sampt ainer beyleuffigen erzelung, was massen
ain Mensch auff diser Welt ain seligs End zunemen pflegt.

Herr:
Mein Weib, ob wir wol miteinander beschlossen in
das Spital zugehn vnd die Krancken haimbzesuechen, so
kanst du wol gedencken, das dergleichen arme krancke Leut
nit allein des Almuesens, sondern auch [29ᵇ] ainer Labung,
die man vileicht nit allenthalben finden kan, bedürfftig, so
ist mir eingefallen, dieweil wir allerlay solcher Gattung
gleich wol nit vil haben, du aber nit jederman gern darüber
vertrawen thuest, ob du dahaimen wärst bliben, wann ich
etwan befinden wurde, das für die Krancken ainer Labung
van nöten vnd ich darumben schickete, du solliches fein
selbst dargeben kündest, du würdest bennoch zu ainer andern
zeit die Krancken gleich so wol haimsuechen vnd ain werck
der Barmhertzigkait erzaigen können.

Weib:

Mein Mann, bu waist das ich bir allzeit gern gefolgt, ob ich gleichwol gern mitgangen wäre, so wil ich bir doch (wie billich) jetztmals auch gehorsam sein, auch was du mir beuelhen vnd entpieten wirbest, alles fleissig verrichten vnd also bahaimen warten.

Mann:

So behüete dich Gott, mein liebs Weib, vnd laß bir die weil nit lang sein, ich will balb widerumben haimb kommen.

Der Herr sagt zu seinem Knecht:

Mein Liendl, gehe hin zum Nubl Doctor, sag jhm mein freundlichen grueß vnnd das ich jhn bitten laß, bieweil ich jetz in das Spittal gehe die Krancken haimzesuechen, das er auch borthin kommen wolte, damit ich mit jhme von seinen Krancken reben kundte vnnd von [30*] jhme vernemen, wie es vmb ainen jegklichen insonderhait stünbe.

Knecht:

Juncker, ich wil E. V. beuelch gehorsam vnb fleissig nachkomen, aber ich fürcht weil er ain seltzamer Kopff, wann er schon bahaimen, er börfft wol nit kommen, da er aber nit bahaimen, wo solt ich jn finden, er barff wol mit bem Bawrn Mäblein auff bem See vmbfaren.

Herr:

In Namen Gottes, findest bu jhn nit bahaimb, so barffst jhn weiter nit suechen, ist er aber bahaimb, so sag jhm bas er zu mir komm, vnnd heut mein vnnd meines Weibs Gast sey, bann es sey meinem Weib ber Kram ankommen, so waiß ich wol bas er nit außbleibt.

Die Sani kommen für die Thür, klopffen an.

Fraw:

Was wölt jr guets?

Die Sani zaigen an:

Jr Herr hab Sy geschickt, heben an zu begeren allerlay Confect.

Fraw:

Meine Männer, jhr begert gar zuuil auff ainmal, ich kan nit glauben das mein Mann vmb souil schicke, [30ᵇ] dann es ist sonst sein brauch nit, so waißt er wol, das wir souil sachen nit haben.

Die Sani schreyen hinauff:
Es sey ainmal also, daß sy der Herr geschickt habe.

Fraw:
Weils jhe mein Mann haben wil, so wartets ein wenig, ich wil hergeben was ich hab.

Fraw:
Da habt jr allerlay zeug vnnd Labung für die Krancken ins Spital, wöllets also meinem Herren geben vnd zuestellen.

Die Seel des seligsterbenden Menschen wirbt durch ain Engel der heyligen Dreyfaltigkait fürgefüert, vnd singen die Engel nachuolgend gesang:

Justorum animæ in manu Dei sunt et non tanget illos tormentum mortis. Sap. 3.

Auff Teutsch:
Die Seelen der Frommen seind in der Hand Gottes, vnd kaine pein des Tods mag sie berüeren. Sap. 3.

Der Herr kompt mit dem Doctor von den Krancken, der Doctor sagt:
Mein Herr, jr habt mich heut zu Gast lassen laben, dieweil ich aber sihe, das jhr von Ewers abgestorbnen Nachbers wegen, so jetzt verschiben, sehr trawrig vnd betrüebt, wil ich Euch jetzt mit rhue lassen, vnnd sag Euch [31ᵃ] gar grossen danck, wil etwan ain ander mal zue Euch kommen, dann es gelust mich heut auch nit vil gueten muet zehaben.

Herr:
Es ist wol wahr, vnd dieweil jrs selbst also erkennt, so laß ich mirs auch gefallen vnd behüet euch Gott!

Der Herr setzt sich trawrig vor der Thúr nider, die fraw kompt herab vnd sagt:

Grúeß euch Gott, mein Herr, was bedeut das, daß jr nit herauff gehet? wie seyt jr so trawrig?

Herr:
O mein liebes Weib, soll ich dir nit klagen, was sich verloffen hat, darumben ich billiche vrsach trawrig zesein, dann es ist vnser Nachber gestorben vnd hat so ain schönes seliges End genommen, das nit daruon zusagen ist, darauß wol zuuermueten, das er gewiß ain kind der ewigen Seligkait ist.

Weib:
Wann ist er dann gestorben? ich habe auch ainen gueten freund an jme verloren, vnd ist mir gar laid vmb jhn, glaub auch wol das er seligklich gestorben, dann er ist ain frommer Gotsförchtiger Mann gewesen.

Herr:
Ich gehe jetz gleich von jhm her, vnnd bin von anfang, biß er sein leben beschlossen, bey jhme gewesen.

[31ᵇ] Weib:
Mein, was hat er dann fúr ain schönes End genommen?

Herr:
Nachdem er als ain Christglaubiger Mensch alle andere Sacrament, so ainem Christen Menschen gebúren, empfangen vnd gemerckt, das sein Kranckhait sich von tag zu tag gemehret, auch alle sachen, so die Doctores jhme zu widerhaltung seines gesundts verordnet, nichts mehr an jme wúrcken wöllen, also hat er sich selbst vnd ohne jemands vermanen begert seine Súnd zubeichten vnd das hochwúrdige Sacrament des Altars zuempfahen. Nachdem er aber befunden, das seine sachen je lenger je erger vnd sich zum End nachnen, hat er auf die letst die heylige ölung empfangen vnd solches alles mit solcher demuet vnnd beschaidenhait, auch andacht verricht, das wir alle, so darbey

gewesen, wainen vnd doch vns darneben getrösten müessen, das er in das Reich der ewigen Seligkait auffgenommen worden, Er hat sich auch in seinem sterben also behertzt vnd mannlich erzaigt, das also zerechnen der Tod sich mehr vor jme zufürchten gehabt als er sich vor dem Tod. Darneben auch, was jhme der Priester (wie gebreuchig) fürgehalten, dasselbig mit andechtiger, hertzlicher begierde nachgesprochen, deßgleichen sich selbst Gott dem Allmächtigen mit allerlay schönen einfüerungen vmb sein barm= [32ᵃ] hertzigkait vnd gnab ermanet vnd gebetten, sein Pater noster vnd Crucifix stets andechtigklich in der hand gehabt, auch vnsern Herrn Jhesum Christum durch sein bitter leyden vnnd sterben inbrünstigklich vmb verzeyhung seiner Sünden gebetten, also das er vns alle mit einander zu hertzlichem mitleyden bewögt vnd ain jeder jme gewünscht dergleichen gnad von Got zehaben, ain solches Christliches vnd Gott=seliges end zenemen, vnd wie er letstlichen in die Zug greiffen wöllen, hat er selbst die Kertzen begert vnd die=selbig ain liecht der Finsternuß genennt vnd also biß an sein End vnnd letsten Athem stäts von tröstlichen sachen geredt vnd ain solliche liebliche gestalt, als wann er sich von hertzen erfrewet, erzaigt.

Weib:

Ich hab fürwar solliches gern gehört vnnd dieweil es also Gottseliglich zuegangen, gibt es mir gleich selbst nit wenigen trost, vnd wir haben Gott wol zebitten, das er vns die gnad verleyhe, damit wir seinem Exempel nach zu ainem sollichen seligen End auff disem jammerthal kommen möchten.

Herr:

Wolan, mein Weib, dieweil es Gott also gefellig gewesen, so wöllen wir vns zue der begrebnuß rüsten.

[32ᵇ] **Der sibend Actus.**

Das sechste Werck der Barmhertzigkeit: das ist die Gefangnen erledigen, darbey auch die zwo Todsünden: als

Luxuria vnd Accidia, Vnkeuschait vnnd Faulkait, wie auch dieselbig, wann man also in Gottsvergessung vnd leichtfertigkait gerathen thuet, gestrafft werden.

Herr:

Lieber Baltin, es ist mir die weil recht lang, gehe hinauff, bring mir mein Rock vnd Wehr herab, ich wil ain weil spaciern vnd für die Keychen zue den Gefangnen gehen, ob ich etwan ainen möcht lebig machen, dieweil ich gehört, das es ain groß Werck der Barmhertzigkait sey, den Gefangnen etwas guets zethuen.

Knecht:

Gonstiger Herr, da ist der Rock.

Herr:

Ey, du Narr, gehört dann der Nachtrock zum außgehn, bring mir den herab, der in der Stuben am Nagel hangt.

Knecht:

Herr, ich kan kainen andern finden, dann den, der ist am Nagel gehangen.

[33ᵃ] Herr:

Ich sihe wol es ist nichts mit dir außgericht, du bist nur guet zum außkehrn, ich wil gleich selbst hinauf gehn.

Herr:

Gott grüeß Euch, auß was vrsachen ligt jr gefangen? wäre Euch nit zehelffen?

Der gefangen Mann antwort vnd sagt:

O lieber Herr, ich bin einem Pecken vmb Brodt zehen Gulden schuldig worden, die ich jhme wider auff ain zeit zuerlegen versprochen, als nun dieselbig verhanden vnd jhme, wie gern ich gewolt, dieweil ich das Gelt von meinen Schuldnern auch nit einbringen mögen, nit halten können, hat er mich durch die Oberkait gefencklich einziehen lassen, wiewol ich jhn mehrmals beschickt vnd gebetten, das

er mit mir ain Chriſtliche geduldt haben wolte vnd, der
geſendnuß entlaſſen, ich wolte jn zu friſten erbarlich be=
zalen, aber mein bitt kain ſtat haben können, vnangeſehen
das er ſeines vermügens halben mir ain klaine zeit wol
auß dem weg hette halten mügen, allain das er ſein
müetlein vnbarmherziger weiß mit mir küelen thuet vnnd
jhne bannocht, dieweil ich nichts erarbaiten kan, nit darmit
geholffen. Dieweil ich aber ſihe, das der Herr ſonders
zweifels auß ſchickung Gottes vnnd ſeiner Barmherzigkait
vns arme Geſangne haimbzeſuechen hieher kommen, hab
ich mir gleich ain herz gefaſt vnd will den Herrn vmb
Gottes willen gebetten haben, er wölle an mir ein Werck
der Barm=[33ᵇ]herzigkait erzaigen vnd mir ſolliches Gelt
fürſtrecken, damit ich auß diſer Geſendknuß vnnd wider zu
meinem Weib vnd Kind komme, auch meinem Handwerck
vnd Narung außwarten müge, ich wils dem Herrn trewlich
nach vnd nach widerumb abarbeiten vnnd verdienen, der
Allmechtig Gott wirdt auch ſolches Werck der Barmherzig=
kait, ſo jr an mir thuet, Euch trewlich wider belohnen,
ich auch ſampt allem meinen Geſindel, wil Gott, das er
Euch zu Ewer wolfart vnnd geſundt langwürig wölle er=
halten, trewlich bitten.

Herr:

Dieweil ich hör das du ein trewer arbaiter biſt vnd
dir mit ainem ſolchen ſchlechten Gelt kan geholffen werden,
damit du auß diſer Geſendknuß kommeſt, ſo wil ich dir,
alßbald ich haimb komm, die zehen Gulden ſchicken vnd
verſihe mich, du werdeſt ſampt deinem Geſindl deinem
erpieten nach für mich vnd die meinigen Gott den All=
mechtigen zu bitten ingedenck ſein.

Der gefangen Mann:

O barmherziger Gott, dir ſey ewiges lob vnd danck
geſagt, das du mich ſampt Weib vnd Kind inn meiner not
durch diſen frommen ehrlichen Mann getröſt vnd darauß
erlöſt haſt. Dieweil ich auch, lieber Herr, Euch ſolliche
guetthat als ain armer Handwercksmann nit vergelten
kan, ſo wil ich doch, ob Gott wil, meinem zueſagen nach=

kommen vnd, was ich zuegesagt, trewlich halten vnd bitt noch, mit mir ein Christliche gedult zehaben.

[34ᵃ] Herr:
Hab nur gedult, ich wil dir das Gelt bald schicken.

Die gefangen Fraw:
Ey, mein Herr, weil jhr doch so barmhertzig seyt, so macht mich auch ledig, ich wils wider verdienen.

Herr:
Was hast du dann gethan?

Fraw:
O mein Herr, ich bin die vergangen nacht bey meinem hertzallerliebsten gelegen, hat mich der Richter eingelegt vnd ist vmb ein pfundt Perner zethún, so will er mich nit außlassen, biß es bezahlt werde.

Herr:
Laß dich den gleichwol ledig machen, der bey dir ist gelegen.

Knecht:
Mein hertzlieb, wir wóllen, ob Gott wil, heut wider ain guets múetlein mit ainander haben, gehab dich nur wol, du muest mir das pfundt Perner wol bezalen.

Fraw:
O mein lieb, ich bin dein, du magst es mit mir machen, wie du wilt.

In dem kompt ain anderer junger Gesell vnd spricht:
[34ᵇ] Es gúlt meins auch.

Knecht:
Nit ein meidt, sy gehórt mir zue vnd nit dir.

Jung Gesell:
Sy gehórt mir so wol zue als bir, vmb mein Gelt.

Knecht:
Du leugst in Halß hinein.

Jung Gesell:
Ey, so leugst du selbst, vnd wehr dich mein!

Jung Gesell wirdt erstochen vnd sagt:
Ach, ich hab genueg!

Das Weib sagt zu dem Knecht:
O mein Lieb, was hast du gethan, das du disen Mann vmbgebracht hast, fleuch in die Freyung, dann es wurde dir sonst vbel gehn, wann du solst gefangen werden.

Der Knecht:
Warumb wolt ich fliehen, hat er mir doch groß vrsach darzue geben, aber dieweil man sagt, es sey guet hinder dem Zaun zehandlen, wil ich dir gleich volgen vnd mich in ain Kloster, inn ein Freyung begeben, aber du gehe nur haimb, wann man dich fraget, wo ich sey, so sag du wissest es nit.

Weib:
[35ᵃ] Das thue ich nit, dann ich bleib nit hinder dein, vnd wie es dir gehet, also geschehe mir auch.

Der Scherg spricht zu den Sani:
Was treibts da für ein wesen mit dem Mann, ich glaub es werd jhn umbbracht haben, gehts nur her, es müest in die Keichen.

Volget das sibente Werck der Barmhertzigkait:
Sepelire mortuos, die Todten begraben.

Der Richter zum Balbierer:
Lieber Maister, nachdem wir da ainen entleibten Menschen finden, so wöllet jn besichtigen, was es doch für ein gestalt vmb jhn hat.

Balbierer:

Herr Richter, ich befind, das dise Person ain tödtlichen stich bekommen.

Der erst faul Knecht:

Wir müessen schier alle tag von vnserm Herrn geplagt werden vnnd müessen jetzunder den Toben auch hinauß tragen, da doch wol andere Leut verhanden, mich dunckt halt ein feines ding sein, wann ains nit arbaiten darff.

Der ander faul Knecht:

Ich bin auch der mainung, ich wil mir vmb ain andern Dienst schawen, ich hör die Thorwärtl in den Clö-[35ᵇ]stern haben guet faul leben, thuen nichts arbaiten, sitzen nur in Thorstübel, fressen, trincken vnd schlaffen.

Der ain Faul sagt zu dem Richter:

Gunstiger Herr Richter, es hat vns vnser Juncker hieher geschickt, disen Entleibten hinauß zutragen, damit er möcht begraben werden, derhalben wöllet jr jhn vnns vergunnen, der Juncker macht gleich das Grab daussen vnd wartet darauff.

Der Richter:

Liebe leut, dieweil ich vernimb, das diser Entleibter ain fremhder vnnd sich niemand seiner annimbt, so nembt jn nur hin vnd tragt jhn zu begraben hinauß.

Der erst faul Knecht:

Mein Gesell, Er ist grausam schwär zutragen, wie brächten wir jn fort, wir wöllens versuechen vnd jn ain weil schlaipffen.

Der ander faul Knecht:

Es ist warlich wahr wie du sagst, wolan so nimb du die ain, vnnd ich die ander Stangen, wir wöllens versuechen.

Der erst:

O! es thuets nit.

Der anber:

Wie thåten wir jhm, das wir jn fort bråchten, doch das es vns nit hart ankeme?

[36ᵃ] Der erſt:

Ich waiß warlich nit, ich bin wol ſo faul als du.

Der anber:

Schaw, ſchaw, da gehen zween auf dem Platz vmb, die auch nur eſſen vnd trincken thuen, wir wöllen ſehen, ob Sy vns hulffen.

Der erſt:

Das were wol guet, wann wir Sy auch vberreden kündten, das Sy vns ſampt den Toben trüegen.

Der anber ſagt:

Fratel, Brueber, da guets Brodt, wölt es vns ſampt dem Tobten auff der Achſel zu dem Statthor außtragen, ſo wöllen wir Euch vnſer Brot ſchencken.

Der ain Sani antwort:

Si, si, ja, ja, date la il Pan.

Der acht Actus,

wie die Chriſtenhait die heylige Mueter Gottes vmb für=
bitt gegen der heylichen Dreyfaltigkait anrüffet.

Einer thuet das Gebett:

Allmächtiger barmhertziger Gott, Herr Himmles vnd der Erden, ſihe an mit den augen deiner grundloſen Barm=
hertzigkait das ellende, erbärmliche vnnd [36ᵇ] ſündliche weſen, ſo der laibige Sathan wider dein Göttliche Maieſtet vnd vnſer armen Seelen hayl inn deiner betrüebten Chriſten=
hait durch Ketzerey, Hochfart, vngehorſam, Mordt, vnzucht vnd andere grewliche laſter tåglichen anricht vnd ſtifft, ſtewre vnd wehre doch ſeiner bluetburſtigen Tyranney vnd

verbamblichen fürnemben, verleyhe gnab, das dein Christ=
liche Catholische warhait erkennt, beine heylige Gebott ge=
halten, alle fünden vnd vntugenden vermitten vnd bein
heyliger Nam allhie zeitlich vnnd bort ewigklich gelobt,
hochgeehrt vnd gepreiset werde, durch Jesum Christum
beinen allerliebsten Sohn, vnsern Herrn, Hayland vnnd
Seligmacher, Amen, das verleyhe uns, lieber Gott vnd
trewer Vatter, Amen!

*Alßbann wendet er sich zu vnser lieben Frawen
mit nachuolgendem Gebett:*

O du allerheyligiste vnd von Gott dem himmlischen
Vatter zu ainer Mueter seines allerliebsten (vnd in allen
Göttlichen aigenschafften gleich wesenden) Suns von ewig=
kait erwület vnd für allen andern Weibern mit sonderlichen
vnaußsprechlichen tugenden vnd gnaden des heiligen Geists
wunderbarlich geziert vnd geheyliget bist, laß bir auß
grosser inbrünstiger liebe, mit welcher bu gegen Gott vnd
seiner heiligen Catholischen Kirchen entzündet bist, zu hertzen
gehn das grewliche wüeten des höllischen Feinds, zwischen
welchem vnd bir [37ᵃ] Gott der Allmechtig balb nach dem
Faal vnsers ersten Vatters im Paradeyß Feindschafft ge=
setzt hat, sihe an als ain milbe vnd liebreiche Mueter vnser
erschröckliche gefahr vnnd grewliche angst, darein wir durch
antreibung des bösen Feinds vnd vnsere aigne sünden vnnd
missethaten auß gerechtem urthail Gottes gerathen sein,
hülff mit beiner (Gott allzeit angenemen) fürbitt, das vnser
jetztgethanes gebett vor Got stat finde vnd erhört werde,
damit die selige Menschwerbung, bitterer Tod vnnd Sig=
hasse Aufferstehung beines lieben Suns Jesu Christi vnsers
lieben Herrn vnnd Seligmachers an vns armen Sündern
nit verloren sey, Amen.

*Unser liebe Fraw spricht zu Gott dem Allmechtigen
vnnd jhrem lieben Sun Jesu Christo:*

Ach, du ewiger Allmechtiger Gott, O lieber Vatter
aller güetigkait vnnd trostes, O du vnerschöpflicher Brunnen
aller hülff vnd genaden, der bu das Menschliche Geschlecht
auß vätterlicher lieb vnnd grundtlosen Barmhertzigkait zum

ewigen leben erstlich erschaffen vnnd darnach widerumb
auffs new vberauß tewer erkaufft hast, laß doch auff mein
demüetiges hertzliches seufftzen, bitten vnnd flehen die lieb=
liche Sonne deiner Barmhertzigkait herrlichen scheinen vnd
das glaubige, bueßfertige vnd anbächtige Gebett deiner
vom Teufel veruolgten hochbetrüebten vnd aller sünd wegen
von dir hart gestrafften vnd geplagten Christenhait gnad,
[37ᵇ] verzeyhung, hülff, trost vnd rettung finden vnd er=
halten, damit alle bueßfertige Sünder selig vnd dein grosser
herrlicher Nam durch sy ewig gelobt werde!

**Alba wendet sy sich zu jhrem lieben Sun Jesu
Christo mit nachfolgendem Gebett:**

Ach, du mein allerliebster Herr vnnd Sun Jesu Christe,
der du als warhafftiger Gott deinem Vatter vnnd heyligen
Geist inn Göttlichem wesen, Maiestet vnnd Herrlichkait von
ewigkait gleich bist vnnd zur zeit der gnaden zu erlösung
des Menschlichen Geschlechts von mir als deiner wahren
natürlichen Mueter deine allerheyligiste Menschliche Natur
zur ainigkait Göttlicher Person durch vberschattung vnnd
krafft des heyligen Geists annemen wöllen, ain junges
Kind geborn, am achten tag hernach Beschnitten, vor Herodis
bluetdurst vnd Tyranney in Egypten vnder die vnglaubigen
geflehet, mit meinen Brüsten getrenckt, von meinen henden
ernehret vnd aufferzogen, inn zwölfften Jar deines vn=
schuldigen alters am Osterfest verloren vnd von mir mit
grossen schmertzen widerumb gefunden worden, auch hernach
als ain fluech vnd vbelthäter schmertzlichen gelibten, dein
kostlich rosenfarbes Bluet miltigklich vergossen vnd am holtz
des Creutzes, darunder ich dazumal voller angst vnd
schmertzen gestanden, ellenbigklich mit verfinsterung der
Sonnen vnd grewlicher bewögung der gantzen Natur ver=
schmacht vnd gestorben. Ich bitte [38ᵃ] dich von grundt
meines hertzen, darunder du Neun Monat gelegen bist,
laß solliches alles deinem armen Schäflein, welliche vor dir,
deinem Vatter vnd heyligen Geist, auß tringender not,
mit hoher demuet erscheinen zu abwaschung jrer Sünden,
wahrer gerechtigkait, zu reichem trost in allen nöten vnd
engsten, auch endtlich vnd fürnemblich zum ewigen leben

geraichen vnd kommen, damit du als ain trewer Mitler zwischen Gott vnnd dem Menschen, als ain Fürst des Lebens vnnd Todts, als ain sighaffter Held vnd starcker vberwinder des Teufels vnd seines ganzen Reichs von allen Heyligen ewig vnd ohne vnderlaß gelobt, angebett vnd gefürcht vnd geliebt werdest, Amen, das gewer mich mein allerliebster Sun, Amen.

Antwort der ganzen heyligen vnzerthailten Dreyfaltigkait durch die ander Person, den Sun, erstlich an vnser liebe Fraw vnd hernach an die ganze Christenhait:

Allerliebste Mueter, dein Gebett vnnd fürbitt ist vns, der vnbegreiflichen allerheiligisten Dreyfaltigkait vnd ainigem Gott, allzeit hoch, lieb, werth vnnd angenemb, auch, weil es die Bueßfertige herzen antroffen, mit grossem Nuz vnd frewden der betrüebten von vns gewißlichen erhört worden, derohalben so findt es auch dise stund als ain angenemes vnd wolriechendes Opffer sein stat vnd raumb vnnd soll gewiß alles erhalten, was vnserer Barmherzigkait gebürt vnd wol ansteht, [38¹] dann mein Vatter, ich vnd heyliger Geist, als ain ainiger Got vnd drey vnderschidliche, aber doch vnzertrente Personen, können je nit vergessen meiner Menschwerdung, Leydens, Sterbens, frölichen Aufferstehung vnd alles was ich dem Menschlichen geschlecht zu guetem gethan vnd gelibten habe, so wol auch deiner angst vnd schmerzen, die du von meinetwegen eingenommen vnd getragen hast, darumben so wöllen wir auß Göttlicher lieb vnd meiner trewen vnd reichen verdienst willen auff dein fürbitt das Gebett diser glaubigen vnnd bueßfertigen Schaar erhört haben, jre sünd verzeyhen, jhnen schutz vnd schirm halten, wider die macht vnd gewalt des grimmigen Sathans vnnd alles das widerfaren lassen, was jnen guet vnd seligklich. Diser zuesag sollest du gewiß sein!

Alßdann wendet sich Gott der Sun zu der Christenhait mit nachuolgender antwort:

Ewer Gebett aber, dieweil es auß rechtem Catholischen glauben vnd bueßfertigem herzen herfleust, solle gleichfalls

auß vätterlicher liebe vmb meiner gnadenreichen Erlösung
willen auff fürbitt meiner allerliebsten Mueter vnd ewigen
Junckfrawen Maria willen erhört sein vnd erhalten alles,
was jr begert, dann wir lassen vns wolgefallen vnd wöllen
auch reichlich belohnen die von vns gebottne vnd von euch
auß liebe gegen vns vnnd ewerem Nechsten geiebte Werck der
Barm=[39ᵃ]hertzigkait: als da jr die Hungerigen gespeißt,
die Durstigen getrenckt, die Frembden beherbrigt, die Nacketen
beklaidt, die Krancken haimbgesuecht, die Trawrigen getröst,
die Gefangen loß gemacht, vnnd was sonst die brueberliche
Lieb dem Nechsten inn seinen nöten zuerzaigen schuldig ist,
doch wöllen wir euch aufferlegt vnd befohlen haben, hin=
süran alles das zu meiden, was vns zuwider, vnd dem
nachzusetzen, was vnser Gebott vermag vnnd Jnn sich helt,
dann gleich wie wir auß Göttlicher sennftmuetigkait gnad
vnd barmhertzigkait widerfaren lassen allen bueßfertigen
vnd bekörten Sündern, also werden wir die scherpffe vnserer
Gerechtigkait auch ergehn lassen wider alle die, so in sünden
verharren vnnd sterben.

Die Engel singen hernach das Lobgesang zu ehren
der heyligen Mueter Gottes:
Beatus venter qui te portauit, et ubera quae
suxisti. Luc. 11.
Auff Teutsch:
Selig ist der Leib der dich getragen vnnd die Brüste,
die du gesogen hast. Luc. 11.

Der neunt vnd letzte Actus,

Jn welchem der Jüngling mit seinem Hofgesind wider=
umb herfür kompt vnd, nachdem er zu Heyraten sich ent=
schlossen, seine Räth raths fragen thuet:
Jch waiß mich noch wol zuerinnern, das der Gottß=
förchtig fromm alt Mann bey mir gewesen vnnd [39ᵇ] mir
vil von der Welt lauff gesagt, welliches ich, wie erß ge=
mellt, in der zeit zum thail gesehen, gehört vnnd erfaren,
mueß auch wol gedencken vnnd barauß schöpffen, das Gottes

gnad bey jhme gewesen vnd ain Göttliches leben vmb ainen Ainsidel sein mueß, vnd dieweil ich vermerck das jhr, meine Diener, mir kainer wie der ander gerathen vnd der fromb Mann, der Ainsidel, allain meinem Haußmaister zuegefallen, habe ich nach vilem hin vnnd her gedencken bey mir gleich beschlossen, das ich Heyraten will vnd sind mir also etlich Heyrat antragen worden. Erstlichen ain Gräuin von Mötsch, welliche gar Reich vnd vermüglich sey, vngefährlich bey 24 Jarn alt, solle aber an ainem Fueß ainen Mangel haben vnnd auff der ainen seyten Bugglet sein. Zum andern so sey ain Wittib verhanden, so zuuor zwen Männer vnnd bey kainem kain Kind gehabt, solle zimblich Reich vnd nit scheutzlich sein vnd ist ain Frey Fraw von Eben, bey 30 Jarn alt. Zum dritten were ain Frewlein von Schlitters verhanden, so innigklich schön, aber böß vnd hoffartig. Letstlichen ein Frewlein von Rotenburg, so vngefährlich ain oder zway Jar jünger als ich, nit sonders schön, doch auch nit gar scheutzlich, gleich wol Arm, aber von guetem ehrlichen Geschlecht vnnd herkommen, fruchtbarem Stammen, Gottsförchtigem Vatter vnd Mueter, Sy auch das Fräwlein selbs Gottsforchtig vnd züchtig. Darumben weil ich gleichsam irrig bin vnnd mich auff das Heyraten nit vil verstehe, was rathstu mir, Hofmaister, von der Gräuin von Mötsch.

Hofmaister:

Genediger Herr, dieweil ich vernimb, das E. G. ent=schlossen sich zuuerheyraten, wil mir nit gebüren das E. G. ich darwider rathen solle, was aber die Gräuin von Mötsch antrifft, dem ist wol also, wie man E. G. bericht hat, dann ich kenne Sy wol vnnd ist von ainem alten anseh=lichen Hauß vnd grosser Freundschaft, den mangel den Sy an ainem Schenckel haben soll, hab ich nie an jr gemerckt, aber das ist wol wahr, das die Weiber vil vnder den klaidern verbergen können, das mans nit sihet, so kan es meinethalben auch wol sein, das Sy Pugglet, dann ich wenig achtung darauff geben, dieweil Sy aber aines so gueten herkommens vnd Reich, auch so schlechte Mengel vnder den Klaidern verborgen, dieselbigen man auch bey

nacht im Beth nit sihet, mueß man sich auch nit so hefftig
darob scheuhen, dann wann aine für sich selbst vermüglich
vnnd reiche Freund hat, kan sy ainem im fall der not
auch zuhülff kommen, ist ainer schon selbst Reich, kan es
sich wol zuetragen, das Er gueter Leut vnd freund be=
dörffen wirdt. Dieweil dann, genediger Herr, ich der
anderen kaine kenne, die E. G. fürgeschlagen worden, wolt
E. G. ich zu obgemelter Gräuin von Mötsch rathen vnnd
da E. G. dieselb zenemen sich entschliessen vnnd mir auff=
erlegen wolten, das ich jhrer Mengel halben bessern bericht
einziehe, so wil ichs vnderthenigklich gern thuen, dann ich
bey jhr gar wol bekannt bin.

[40ᵇ] Jüngling:
Stallmaister, was sagst du darzue?

Stallmaister:
Gnediger Herr, dieweil mir die Person nit bekannt,
will mir nit gebüren, das ich vil darzue rathen oder reden
soll, da aber E. G. ain naigung darzue hetten, kündt es
nit schaden, das E. G. derselben Hofmaister, die sachen
besser zuerkundigen (wie Er sich dann solliches zethuen selbst
an erbotten), dahin geschickt hetten.

Jüngling:
Secretari, ich wil dein mainung auch hören.

Secretari:
E. G. mügen thuen was Sy wöllen, aber, ob ich
schon ain armer Gesell bin, so nämbe ich kaine die ainen
mangel hette.

Jüngling:
Haußmaister, wie mainstu das jme zethuen wäre?

Haußmaister:
Genediger Herr, dieweil E. G. ich hievor gerathen,
das Sy dahaimen bleiben vnd sich verheyraten sollen, mueß
ich mich wol bedencken vnd, dieweil ich vernommen, was
die Gräuin von Mötsch für mengel, möchten E. G. derselben

Hofmaister, vmb mehrern bericht einzuziehen, fortschicken. Aber ich hab all mein tag gehört: je krümper je tümper, vnnd das kain Puggel so klain, das nichts dar=[41ᵃ]hinder steckte, vnd dieweil ich glaub, das E. G. die wahl werden haben künden vnd kainer leichtlich sein Tochter E. G. ab= schlagen wirdt, wolte ich gleich so mehr ein gerade als ain krumpe haben.

Jüngling:

Ich hab Ewr aller mainung angehört, ich wil aber, dieweil es mich allain vnd am maisten angeht vnd darnach kain Rew mehr hülfft, mich besser darauff bedencken. Hof= maister, was sagst du darzue, von dem Fräwlein von Eben?

Hofmaister:

Das Fräwlein von Eben Wittib ist mir nit bekannt, kan auch nit gedencken, das ich Sy nennen hab hören, vnd es ist ain mißlicher kauff vmb ain Wittib, mueß ainer vil böser reden hören vnd geschicht das wenigist nit nach jrem willen, so kompt von stundan genad jm Gott herfür, welliches ich für mein Person nit leyden kündt, ich schlüeg Sy den nechsten zu Schlair.

Jüngling:
Stallmaister, hast gehört was der Hofmaister sagt?

Stallmaister:

Der Hofmaister redt wol nit vnrecht von der sach vnd, dieweil ich hör, das die Wittib nit sonders alt, darzue noch schön, so wirdt es gewiß nit manglen, das Sy vil Bueller haben wirdt, mir als ainem Kriegßmann [41ᵇ] tauget Sy wol, wann Sy nur vil gelts het, dann wir geben aine vmb die ander. Wann Sy dann sehen, das Sy souil Bueler haben, so gefellt es jnen wol vnd wöllen die Leut, so lang es jnen gefellt, stäts an dem Narrensail herumbfüeren, gedencken doch darneben nit, das man Sy auch an das Narrensail an bündet vnd obersehens letstlich das Sy gar in Brunnen fallen.

Jüngling:
Secretari, was mainst du?

Secretari:

Genediger Herr, es ist ain sprichwort: Wittib guet findt selten ain Mann nach jrem muet, vnnd dieweil ich hör, das Sy zuuor bey zwayen Männern kain kind gehabt, kan E. G. ich darzue nit rathen.

Jüngling:

Haußmaister, wie gefellt es dir, was man vor dein da geredt hat?

Haußmaister:

Mich dunckt, man hab den Wittiben nichts vergessen, ich mueß gleich schweigen, dann ich waiß auch ain Wittib, die mir nit vbel gefellt, vnnd mit schweigen verantwort man offt vil, so sein auch vil frommer tugentsamer ehrlicher Witfrawen verhanden, die man wol ain Cron haissen kan, dieweil aber E. G. nur allain deßhalben Heyraten wöllen, damit sy Erben vberkämen, vnd [42ᵃ] dise junge Witfraw zuuor bey zwayen Männern kaine Erben gehabt, kan E. G. ich daher (nach dem es mißlich) nit rathen.

Jüngling:

Lieben Leut, jr macht mirs seltzam durch ainander; lieber Hofmaister, was vermainst du aber von wegen des Fräwlein von Schlitters?

Hofmaister:

Ich kenne Sy gleich so wenig als die anderen, aber dieweil ich hör, das Sy hoffertig vnd böß, ist solches nit ain klainer mangel, dann wie man sagt: ain Junckfraw ein Engel sein solle, vnd wanns zu einer Frawen wirdt, so ists ain Teufel, so nun dise Junckfraw, deren Schön man so hoch loben vnd preisen thuet, jetzt schon so böß vnd hoffertig, was wurde dann auß jr werden, wann sy in den Eestand käme, da mueß erst ain Mann, von ainem sollichen bösen Weib vil leyden, da mueß er vnder die Banck, guete Freund vnd andere ehrlich Leut von jretwegen lassen vnd meiden, thuets ainer nit, da gehet es an ein schelten vnd fluechen vnd gibt man ainem die seltzamiste

Nachnámen, trohen ainem ain bissel zugeben, das ainer seines lebens nit sicher ist, auff der Welt ist der Mann sein lebenlang ain Marterer bey jhr, wann es doch nur ain tag weret, so gieng es hin, es hat aber einer sein lebenlang daran zekewen, da thuen Sy jhre Männer wie der Hencker plagen vnd müessen dannocht das Maul [42ᵇ] halten, da wöllen Sy den Männern alles mit einander verbieten, da gülts dann klagen vnd ist ewiger haber im Hauß, schwär ist es zusagen, schwärer zu gedencken, am schwäristen zugedulden vnd leyden.

Stallmaister:

Lieber Hofmaister, du bist gar zu hefftig wider die schönen Junckframen, es ist nit ohne, das man vil stoltzer, hoffertiger vnd böser Junckframen findt, es ist aber, wann ainer ain solliche zu ainem Weib bekompt, vil an ainem Mann gelegen, dann ain Mann ist ain Mann vnd ain Weib ist ain Weib, vnnd sey ain Weib als böß als es wölle, wann ain Mann jhr die zeen zaigt, so kan er jr die Boßhait wol abziehen. Dann ein Mann hat vil zustraffen an einem Weib, das sy verdrüessen thuet, hat sy den Mann lieb, so läst sy des alles vnderwegen, das jrem Mann zuwider ist, vnd verkört jr angenomne boßhait, wiewol man sagen wil, das die gewonhait die ander Natur sey, darumben mueß man solliche gewonhait mit gueter zeit vnd beschaidenhait dempffen, hülfft dasselbig nit, so können E. G. jhr wol in anderweg mit straffen begegnen. Dann dieweil E. G. bey menigklichen angenemb vnd wol bekandt vnd man E. G. sambt derselben Gemahl auff Hochzeiten oder Pangeten laden wurde, wirdt sy alßdann auch mit gehen wöllen, so können E. G. sy lassen dahaimen bleiben vnd das sy darfür der Gunckel außwart, grine sy darnach als lang als sy [43ᵃ] wölle, wie dann dergleichen straffen, so auff solliche böse Weiber gehören, wol mehr sein vnd Sy mehr als etwan andere scherpffere verdriessen vnd jhnen dardurch jhre vntugenden chender abgezogen werden, wil sy sich dann vber das alles auch nit daran kören, wirdt es noch zeit genueg sein vnnd nit schaden, wann E. G. jhr schon ain wenig nach dem kopff greiffen.

Jüngling:

Secretari, ich wolt dannoch dein mainung auch gern hören.

Secretari:

Gnediger Herr, ich halt vil von einem schönen Mäb̈lein, ob einer schon zu zeiten etwas leyden mueß, wann man darnach in das Beth kompt, so vergißt man dessen alles vnnd mant mich gleich, als wann man in ainer Comedi einen schönen jungen Gesellen in Teufelsklaibern anlegt vnnd wann er dieselbigen Klaider hinweck thuet, so bleibt darnach die schöne Creatur Gottes da stehen. Also auch wann ain schönes Weibsbild einen Mann schon den gantzeu tag martert vnnd plagt, zu Nacht, wann Sy miteinander in jr Schlafkämmerlein kommen, so zeucht Sy sich auß biß auff jr Hemmetlein, das von subtiler durchsichtiger leinwat gemacht, stehet da auf jren schneeweissen Schencklein vnd eh das man das liecht ablöscht, so sicht der Mann durch das subtile Hemmet jren schneeweissen Leib, legt sich darnach [43ᵇ] zu jme, nimbt jn in jre armb, da wirdt dann sein hertz erfrewet, Sy sicht jn mit jrem lieblichen holdseligen Gesicht freundlich vnd lachend an, alßdann erscheinen in jhren rosenfarben Wänglein die holdseligen grüeblein vnd sein jhre augen gericht wie ainem Falcken, so nach dem Raiger in die hüche sehen thuet, da wirt auß dem laib ein frewd vnnd thuet man alles vnmuets vergessen, da einer doch solches von einer vngeschaffnen mueß gewertig sein, bey derselbigen wenig lust noch frewd hat, auch von einander nit (als durch den Tod) geschaiden werden.

Jüngling:

Du redest gleich wie der Schreiber art ist, wann Sy nur schöne Weiber haben, so fragen Sy weitter nichts darnach, dann Sy gedencken nit, wann Sy schon ain gantzen tag in der Cantzley sein, was jre Weiber in der zeit dahaimen thuen möchten, vnd das die schönen Weiber nit vnangefochten können bleiben. Aber du, Haußmaister, hast vileicht von dem Fräwlein von Schlitters gehört?

Haußmaister:

O genediger Herr, ich bitt E. G. vmb Gottes willen, Sy wöllen sollicher stoltzer bösen Junckfrawen müessig gehn, ich kenne Sy nur gar zu wol, dann sy mich (als ich bey jrem Vatter vnd Mueter gebient) von meinem Dienst ge=bracht. Sy plagt jhre Eltern dermassen, das zuerbarmen ist, da thuet Sy den gantzen tag am Fen=[44ª]ster ligen, will bey allen Gasterey vnd Täntzen sein, laßt man Sy nit gehn, so hebt sy auß gifftiger Boßheit alles dasjenig an, was Vatter vnd Mueter zuwider ist, das sy offt auß kümbernuß die lautern zäher darob wainen, da kan man jr nit hoffertige köstliche Klaider vnnd Geschmuck genueg machen, dann sy dermassen so hoffertig, das es nit auß=zesprechen, kompt Sy auff ein Hochzeit oder sonst vnder die Leut, da ist jhr niemand recht vnnd guet genueg, will allwegen oben an sitzen vnd kan einem jeden ein klämper=lein anhengen, an jhrem Vatter hab ich wol einen frommen Herrn gehabt, aber dieweil ich, als ein trewer Diener, die vnbillichait seiner Tochter nit allwegen verschweigen künnen, hat sy mich auff das hefftigist verfolgt vnd nit nachgelassen, biß ich (hab ich anderst nit in vnglück kommen wöllen) selbst vrlaub genommen, wie sy dann nit allein mich, sondern auch andere guete Leut von jhrem Dienst vertriben hat. Aber weil E. G. jhe entschlossen zehayraten, so wolt E. G. ich zum Frewlein von Rotenburg rathen, dann die mengel, so man E. G. von jr anzaigt, sein daher, das Sy jr ain verhinderung sollen bringen, nit zerechnen, vnd dieweil man E. G. berichtet, das sy Arm, doch von einem gueten ehr=lichen Geschlecht, E. G. Standt gemäß, von fruchtbarlichen Stammen, Gottsförchtigen Eltern, das Fräwlein auch für sich selbst Gotsförchtig vnd züchtig, dunckt mich das solche tugenden die rechte Morgengab vnd Reichtumb sein, vnd ist weit besser, das etwan [44ᵇ] einer mit einem frommen armen züchtigen Mädlein zu hauß sitze vnnd in frewden lebe, dann mit ainer in not vnd angst zanck vnd haber habe.

Jüngling:

Hofmaister, wie gefellt Euch mein Haußmaister?

Hofmaister:

Genediger Herr, sein Rath gefellt mir wol, vnnd macht mich gleich von meiner mainung der Gräuin von Mötsch halben weichen. Aber das wolt E. G. ich dannocht vnderthenigklichen rathen, das E. G. derselben Stallmaister solches alles (ob dem also) in gehaim zuerkunbigen aufgeschickt hetten.

Jüngling:

Stallmaister, getrawst du dir solches zuuerrichten?

Stallmaister:

Warumb nit, gnediger Herr? wann mir E. G. darumben wöllen vertrawen, so verhoff ich solliches dermassen zuuerrichten, darob E. G. ein genedig gefallen sollen haben vnnd wil E. G. aller sachen gueten bericht bringen.

Secretari:

Genediger Herr, E. G. schawen auff, das es E. G. nit gerew, ich hielt es mit dem schönen jungen Fräwlein von Schlitters.

[45ᵃ] Jüngling:

Du farst mit deinen Rathschlegen hinein, wie ein Saw in Trog, vnnd wirst machen das ich je lenger je weniger von dir halten wirdt, ich wil mich gleich entschliessen, bey dem Fräwlein von Rotenburg zu bleiben, vnnd so bald ich haimb komme, wil ich dich, Stallmaister, alle sachen zuerkunbigen abfertigen.

Der Himmel thuet sich auff, vnnd singen die Engel zum beschluß widerumb das Lobgesang:

Laudate Dominum de terra, Dracones et omnes Abyssi. Ignis, grando, nix, glacies et spiritus procellarum, quae faciunt verbum eius. Montes et omnes colles, ligna fructifera et omnes Cedri. Bestiae et uniuersa pecora, Serpentes et volucres pennatae. Reges terrae et omnes Populi, Principes et omnes Iudices terrae. Iuuenes et Virgines, Senes cum Iunioribus, laudent nomen Domini, quia exaltatum est nomen eius solius. Alleluia, Alleluia.

Auff Teutsch:

Lobet den Herrn, die jr auff Erden seyt, jhr Walfisch vnd alle tieffen. Fewer, Hagel, Schnee vnd Eyß, Wind des vngewitters, die sein wort außrichten. Berg vnnd Bühel, fruchtbare Bäum vnd Zedern. Thier vnd alles Vich, Gewürm vnd Geflüegel mit Fittigen. Jr Künige auff Erden vnd alle Völcker, Fürsten vnnd alle Richter auff Erden. Jüngling vnd Junckfrawen, jhr Alten mit den Jungen, lobet den Namen des Herren, dann sein Nam ist allein erhöhet. Alleluia, Alleluia.

[45ᵇ] Gott dem Allmechtigen sey ewigs lob vnd danck gesagt, der wölle das wir seinen heiligen Gebotten vnd ermanungen trewlichen nach=kommen, sein Göttliche gnad verleyhen, damit wir dardurch die ewige Seligkait erlangen mügen, Amen.

[46ⁿ] **Personen in diser Comedi:**

Gott Sun.	1
Unser liebe Fraw.	2
Jüngling.	3
Hofmaister.	4
Stallmaister.	5
Secretarj.	6
Haußmaister.	7
Ansidel.	8
Mann zue dem ersten Werck der Barmhertzigkait.	9
Sein hoffertig Weib.	10
Sein Knecht.	11
Priester.	12
Mann zue dem andern Werck der Barmhertzigkait.	13
Der erst durstig Mann.	14
Der 2. durstig Mann.	15
Der Knecht.	16
Der reich Kauffman.	17
Der Teufel.	18
Mann zue dem britten Werck der Barmhertzigkait.	19
Der Pilgramb.	20
Der gefrässig Knecht.	21
Mann zue dem vierten Werck der Barmhertzigkait.	22
Sein Weib.	23
Sein Knecht.	24
Doctor.	25
Mann zue dem fünfften Werck der Barmhertzigkait.	26
Sein Knecht.	27
Der gefangen Mann.	28
Die gefangen Fraw.	29
Der frech Jüngling.	30
Balbierer.	31
Richter.	32
Scherg.	33
Der erst faul Knecht.	34
Der 2. faul Knecht.	35

Finis.

Druck von Ehrhardt Karras, Halle a. S.

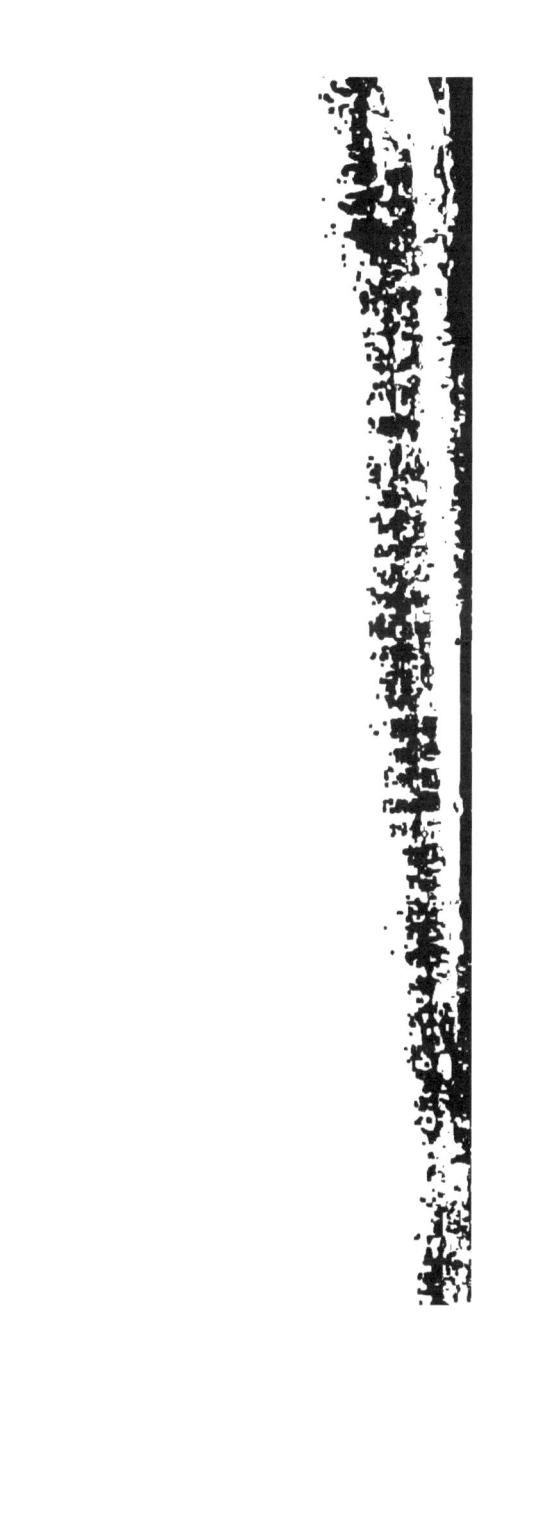

Neudrucke deutscher Litteraturwerke des XVI. u. XVII. Jahrh. (herausg. von Prof. Dr. W. Braune in Heidelberg). No. 1—80 à 60 Pf.

1. Martin Opitz, Buch von der deutschen Poeterei. (1624.)
2. Johann Fischart, Aller Praktik Grossmutter. (1572.)
3. Andreas Gryphius, Horribilicribrifax. Scherzspiel. (1663.)
4. M. Luther, An den christl. Adel deutscher Nation (1520.)
5. Johann Fischart, Der Flöhhaz. (1573.)
6. Andreas Gryphius, Peter Squenz. Schimpfspiel. (1663.)
7.—8. Das Volksbuch vom Doctor Faust. (1587.)
9. J. B. Schupp, Der Freund in der Not. (1657.)
10—11. Lazarus Sandrub, Delitiæ historicæ et poeticæ. (1618.)
12—14. Christian Weise, Die drei ärgsten Erznarren. (1673.)
15. J. W. Zinkgref, Auserles. Gedichte deutsch. Poeten. (1624.)
16—17. Joh. Lauremberg, Niederdeutsche Scherzgedichte. 1652. Mit Einl., Anm. u. Glossar von W. Braune.
18. M. Luther, Sendbrief an Leo X; Von der Freiheit eines Christenmenschen; Warum des Papstes Bücher verbrannt seien. Drei Reformationsschriften aus dem Jahre 1520.
19—25. H. J. Chr. v. Grimmelshausen, Der abenteuerliche Simplicissimus. Abdr. d. ältesten Originalausgabe (1669).
26—27. Hans Sachs, Sämmtliche Fastnachtspiele in chronolog. Ordnung n. d. Orig. herausg. von E. Goetze. 1. Bändchen.
28. M. Luther, Wider Hans Worst. (1541.)
29. Hans Sachs, Der hürnen Seufrid, Tragoedie in 7 Acten.
30. Burk. Waldis, Der verlorene Sohn, Fastnachtspiel. (1527.)
31—32. Hans Sachs, Fastnachtspiele hg. von E. Goetze. 2.
33. Barth. Krüger, Hans Clawerts Werckliche Historien. (1587.)
34—35. Caspar Scheidt, Friedrich Dedekinds Grobianus. (1551.)
36. M. Haynoccius, Hans Pfriem oder Meister Kecks, Komödie. (1582.)
37—38. Andreas Gryphius, Sonn- u. Feiertags-Sonette. (1639 u. 1663.) Hg. von Dr. Heinrich Welti.
39—40. Hans Sachs, Fastnachtspiele hg. von E. Goetze. 3.
41. Das Endinger Judenspiel. Herausgeg. von K. von Amira.
42—43. Hans Sachs, Fastnachtspiele hg. von E. Goetze. 4.
44—47. Gedichte des Königsberger Dichterkreises aus Heinrich Alberts Arien und musikalischer Kürbshütte (1638—1650) herausgegeben von L. H. Fischer.
48. Heinrich Albert. Musikbeilagen zu den Gedichten des Königsberger Dichterkreises hg. von Rob. Eitner.

49. Burk. Waldis' Streitgedichte gegen Herzog Heinrich d. Jüngern v. Braunschweig. Hg. v. Friedrich Koldewey.
50. M. Luther, Von d. Winkelmesse u. Pfaffenweihe. (1533.)
51—52. Hans Sachs, Fastnachtspiele hg. von E. Goetze. 5.
53—54. M. Rinckhart, Der Eislebische christl. Ritter. (1613.)
55—56. Till Eulenspiegel. (1515.) Hg. von Hermann Knust.
57—58. Chr. Reuter, Schelmuffsky. (1696. 1697.)
59. Derselbe, Schelmuffsky. Abdr. der ersten Fassung 1696
60—61. Hans Sachs, Fastnachtspiele hg. von E. Goetze. 6.
62. Ein schöner Dialogus von M. Luther und der geschickten Botschaft aus der Hölle. (1523.)
63—64. Hans Sachs, Fastnachtspiele hg. von E. Goetze. 7. (Schluss.
65—67. Johann Fischarts Geschichtklitterung (Gargantua). Hg. von A. Alsleben. Erste Hälfte (Bog. 1—15).
68—71. Dasselbe. Zweite Hälfte. (Unter der Presse.)
72. Georg Thyms Gedicht Thedel von Walmoden. Herausg. von Paul Zimmermann.
73. Adam Puschman, Gründlicher Bericht des deutschen Meistergesangs. (1571.) Herausg. von Rich. Jonas.
74—75. Jacob Schwieger, Geharnschte Venus (1660). Herausg. von Th. Raehse.
76. Luthers Fabeln nach seiner wiedergefundenen Handschrift herausgegeben von Ernst Thiele. Mit 1 Facsimile. 1888.
77—78. Bernhard Rotmann, Restitution rechter u. gesunder christlicher Lehre. Eine Wiedertäuferschrift. (Münster 1534.)
79—80. Erzherzog Ferdinand II. von Tirol, Speculum vitae humanae. Ein Drama. 1584. Nebst einer Einleitung in das Drama des XVI. Jahrhunderts herausg. von Jacob Minor.

Quellenschriften zur neueren deutschen Litteratur herausgegeben von A. Bieling. kl. 8.

No. 1. Gottscheds Reineke Fuchs. Abdruck der hochdeutschen Prosa-Uebersetzung vom J. 1752. 1886.
ℳ 1,60.

„ 2. Lebens-Beschreibung des Herrn Götzens von Berlichingen. Abdruck der Original-Ausgabe von Steigerwald, Nürnberg 1731. 1886.
ℳ 1,00.

„ 3. Picard, Médiocre et rampant ou le moyen de parvenir und Encore des Ménechmes. Abdruck der ersten Separat-Ausgaben von 1797 u. 1802. 1888.
ℳ 1,80.